打造幸福心態，
邁向理想生活的100個挑戰

1天1件事改變人生

まゆ姉 Mayunee —— 著

前言

沒能好好活著。工作老是失敗出包。人際關係不佳。動不動就陷入負面情緒。討厭自己的外表。沒辦法跟喜歡的人結緣。這一切都是自己的錯。極度討厭這樣的自己⋯。

「我之所以不順遂，想改變也變不了，問題就出在我身上，因為努力不夠」——你是否這麼想呢？

因此我得更加努力才對⋯請別這麼想。事實上，你只是「努力過頭了」，「做了太多難的事」而已。

多大多數人為了改變自己讓人生好轉而設下宏大的目標，在遭遇挫折後反倒失去自信。簡直是惡性循環。

不應該如此，**你應該做的事實上是一些非常簡單的小事。**

突然自顧自說了起來，請容我再度自我介紹。

我在大學畢業後25歲以前，在酒店坐檯，做到店內第一紅牌。之後改當網紅傳播資訊，如今受到廣大群眾支持。現在我成立了公司，與其他企業合作開發產品，也負責監督線上健身事業。

我這麼描述，說不定大家以為我是開朗又堅強的人。但是，我原本非常負面思考，覺得自己毫無價值。無論工作或戀愛皆諸事不順，當時老是把口頭禪「像我這麼糟的人」掛嘴邊的我，如果看到現在我在人前工作的模樣，肯定下巴會掉下來吧。**過往為了改變自己，努力做各種嘗試卻失敗連連，質疑自己為何活著。**

如今的我，天天都覺得「幸福！」、「自己的人生棒極了！」原因何在？

我並沒有做了什麼特別的事，只是日積月累，在日常生活中，做人人都辦得到的簡單「小事」。

每件小小事的累積，讓人生起了莫大變化。簡單、很小卻很重要的事，讓你的人生比現在更好。

例如：嘴角上揚。這是我最看重的一件「小事」。

讀到這裡，你是否快冒火了？首先呢，請勉強一下自己，讓嘴角上揚看看。

我總是有意識地讓嘴角上揚。由於它是本書最重要的一個挑戰，正文一開始就介紹，詳細說明請見正文，事實上，光是把嘴角往上提就能提升幸福感。

我確信它的效果，天天在社群媒體上提倡「把嘴角往上提！」結果光是這樣，我收到無數網友留言，「跟男朋友的關係變好了」、「公司同事說我比先前給人的感覺好多了，每天都很開心」、「跟先生的爭吵減少了」、「每天變得很開心」等等。

起初大家似乎都認為，「光那麼做不可能有所改變」。然而，儘管是這麼小的一件事，行動改變了，每天改變了，思考改變了，周圍的人的反應也改變了，於是有了改變人生的力量。

本書彙集像這樣小而簡單，卻宛如魔法般具有改變人生力量的100個挑戰。介紹即使在不順心的日子、精疲力竭的日子，也能做到的簡單的事為主。每個挑戰都經過我長期辛勤實踐，我想大家看到現在的我，對於它們的效果也能夠一目了然（笑）。請大家務必每天都盡可能嘗試一個挑戰試試看。

然後，給完成一個小小挑戰的自己大大地比個讚吧！哪怕只是一點點也堅持要改變自己，改變人生的你真的很努力，很棒！

提到「改變人生」或許會覺得難度很高也說不定。就像一口氣減掉10公斤那麼難，想要急速改變並不容易。但我們不是要那樣，而是從自己辦得到的事當中先挑一件開始做就好。靠著一小步一小步累積，逐漸喜歡自己，必定會成為事情好轉的契機！

無論從辦得到的或想做的任何一個挑戰開始都沒關係喔！不必想得太難。光是嘗試一個看似辦得到的事就很了不起！來吧，讓我們一起踏出小小的一步！

まゆ姉（Mayunee）

前言 2
本書使用守則 15
✓ 嘴角上揚 16

PART 1 變得喜歡自己的提升自我肯定感挑戰

✓ 手放胸口，高呼：「從今以後相信我自己！」 18
✓ 試著給內心的遊戲取個名稱吧！ 20
✓ 在人後默默行善 22
✓ 毅然放下一直都「想放棄」的事試試看 24
✓ 選一個你認為沒啥用的事做做看 26
✓ 敢於無視他人的忠告試試看 28
✓ 在說出氣餒的話之後，加上「但是很……耶」試試看 30
✓ 總之先「做」第一個步驟 32
專欄／護身咒語1 從今天起，盡可能好好享受人生 34

PART 2 休假日與居家時辦得到的輕鬆挑戰

- 塗上家用唇膏 36
- 從現在起把手機藏起來5分鐘 38
- 聽聽爵士樂 40
- 製作「幸福限定檔案夾」 42
- 做1件你認為「自己不合適」的事 44
- 慢慢來，不再一心二用 46
- 開始做一件新事情試試看 48
- 大跳怪舞 50
- 不看地圖出門散步去 52
- 回顧過去一週 54
- 買一雙對自己而言有點貴的鞋子 56
- 上網搜尋感興趣的詞彙，把跳出來的書買下來 58
- 到附近大自然走一走 60

☑ 整理社群媒體的追蹤欄 62
☑ 打掃廁所 64
專欄／護身咒語2 因為下雨而愛晴空 66

PART 3 讓一日之初變得令人興奮的晨間挑戰

☑ 準備好早晨的獎賞 68
☑ 打開窗簾沐浴在朝陽下 70
☑ 在睡醒的床上做做簡單伸展操 72
☑ 早上醒來那一瞬間就稱讚自己 74
☑ 早餐吃香蕉 75
☑ 在提不起勁的早上沖沖熱水澡 76
☑ 做做節奏運動 77
☑ 決定「今天我的專屬顏色」 78
專欄／護身咒語3 「與其追求完美主義，不如追求最善主義」 80

PART 4 緩和夜晚不安的午夜挑戰

- [x] 說完「好，結束了！」再就寢 82
- [x] 睡前喝點溫甘酒（甜酒釀） 83
- [x] 宣告「晚間獨自反省大會到今天為止」 84
- [x] 晚上即使還沒睡也先熄燈 86
- [x] 寫下今天3件「值得道謝」的事 87
- [x] 睡前塗一塗滾珠精油 88
- [x] 熄燈後，從窗戶仰望天空看看 89
- [x] 定好明天要「努力」和「享受」的套餐再去睡 90

專欄／護身咒語4　我的運氣很好 92

PART 5 提升美容健康的自我磨練挑戰

- [x] 累到沒洗澡的日子至少要滋潤肌膚 94
- [x] 用皮拉提斯式呼吸調理身心 96

- [x] 至少做1次深蹲 98
- [x] 做做上下踮腳尖運動 100
- [x] 瞥見垃圾食物就把目光移開 102
- [x] 烹煮美容味噌湯 103
- [x] 常備冷凍糙米飯糰 104
- [x] 認真尋找喜歡的香味 106
- [x] 喝喝南非國寶茶 108
- [x] 暴飲暴食是在攝取營養 110
- [x] 站在鏡子前練習「充滿自信的我」 112
- [x] 做全世界最簡單的美腳伸展操 114
- [x] 用遮瑕膏讓嘴角下陰影消失 116
- [x] 備有必勝唇膏 117

專欄／護身咒語5 我的價值不因他人的評價有絲毫改變 118

PART 6 讓人際關係變輕鬆的快樂挑戰

- 首先，對自己說些貼心話 120
- 跟傷害你的人保持距離 122
- 贈送正能量好話禮物 123
- 訓練臉部表情，建立與人溝通的自信 124
- 打造自己專屬的「靜音、開啟♪」開關 126
- 與人分享獨家「珍藏資訊」 128
- 立即說出先前未能表達的「謝謝！」 130
- 試著說出你以為「不說應該也會懂」的事 132
- 見「初次見面」的人必備伴手禮 135
- 聚會解散後馬上聯絡對方 136
- 試著觀察對方，去了解對方 138
- 運用「帶來和氣的あいうえお」 140
- 察覺「真的錯了」，趕緊收回說過的話 142

專欄／護身咒語6 原來如此，真沒想到！ 144

PART 7 在精疲力竭什麼也做不了的日子，恢復精神的挑戰

☑ 今天一天假裝貓試試看 146
☑ 決定真正好好休息 148
☑ 流下「一直忍住的淚水」 150
☑ 輕敲自己的頭 152
☑ 試著說出：「因為很努力所以才累啊」 153
☑ 1分鐘什麼都不想 154
☑ 躺成大字型 156
☑ 看看漫畫 157
☑ 聽聽調整自律神經的音樂 158
☑ 試用吸水內褲看看 159
☑ 找出自己特有的「復活儀式」 160
☑ 閉上雙眼去見從前的自己 162
☑ 抱抱填充玩具或寵物 164
☑ 做做按摩耳朵運動 165

專欄／護身咒語7　不去比較痛苦　166

PART 8 開心戀愛的愛情挑戰

☑ 果斷說「再見」　168
☑ 規定「對不起」只能說1次　170
☑ 送驚喜禮物　172
☑ 藉由「重複曝光效應」(Mere Exposure Effect) 引起別人興趣　175
☑ 試著請人幫個小忙看看　176
☑ 具體表達高興的情緒　178
☑ 藉助追星的力量走出失戀　180
☑ 想一想「如果對方明天不在了會如何？」　181

專欄／護身咒語8　他不是我的真命天子　182

PART 9 找到自己「使用說明書」的幸福作業挑戰

☑ 想像在「生命之輪」評量表上「我想成為的樣子」　184

☑ 試著問身邊的人自己有何「優點」 186
☑ 試著將一看就有感的動詞圈起來看看 188
☑ 試著寫下喜歡的話語看看 190
☑ 釐清自己的壓力來源 192
☑ 複誦3次「我就是我」 194
☑ 將缺點改說成優點試試看 195
☑ 回想童年喜愛的遊戲、東西和場所 196
☑ 想想自己內向性格與外向性格的占比 198
☑ 來寫一封由3年後，自己寫給現在自己的信吧 200
☑ 試著重新思考最喜歡自己哪一點看看 202
專欄／護身咒語9　不將有可能性的門上鎖 203
表揚狀 204
後記 205
參考文獻 207

本書使用規則

跨出一步的你真是天才。

……這樣就有了起步，正在向前邁進。阻擋你努力的障礙降低了；阻擋你讚美自己的障礙也逐漸下降！讓我們一步一步變得喜歡自己吧！

- **無論從哪一個挑戰開始，只要看似辦得到的都OK。**
  請根據你的心情，挑一件事試試看。
- **當你完成其中一件事之後，一定要給自己比個讚喲！**
  沒辦法馬上做到，沒辦法馬上學會，都是理所當然。
  絕對不要責備還做不到的自己
  只要完成其中任何一個挑戰，請用力稱讚自己太棒了。
- **帶著笑容閱讀本書吧！**請透過本書試試「讓嘴角上揚」！

讓嘴角上揚

有意識地帶來好心情的魔法

雖然是這麼小的事，卻能讓人心情變好，而且可以遇見前所未見開心的自己。發現在微笑、可愛的自己，多少也能喜歡起自己。據說嘴角上揚有讓大腦誤以為開心的效果，而真的高興起來，是隨時都能派上用場的魔咒。

來吧，現在嘴角下垂的你，試著把嘴角往上提看看？對，很可愛♡。

當你臉上堆著笑容，很難會變得不幸。為了你自己，多多愛惜笑容吧。無論任何時候，它一定會溫柔守護你。

也請你試著一邊提起嘴角，一邊閱讀本書。肯定會度過美好的時光喲。

嘴角上揚！對，很可愛♡

PART 1

變得喜歡自己的提升自我肯定感挑戰

手放胸口，高呼：「從今以後相信我自己！」

帶著跨出一步的勇氣

為了有自信，建議你要帶著自信！你是不是在想：「這個人到底在說什麼呀？」

我認為自信並不是完成某種成就或卓越的人才有的特別東西，而是「不需根據就有的東西」。

不管是誰，一開始都沒有實際的成績或經驗。一旦遭人質疑「你哪來的自信？」將會讓人不敢去挑戰新事物。所以不如不去設限，想著「我一定辦得到！」你不覺得這樣比較容易成功嗎？

「雖然沒有理由，總之我決定相信自己看看」——這就是不管是誰都能擁有的沒來由的自信。稍微有點逞強也沒關係。**把自信當成真的一回事去努力，之後什麼都難不倒了。**事後再補上理由也無所謂。

無論自己的狀況如何，在此之前的結果如何，都可以相信自己。

萬一心裡出現「我辦不到」的想法，意識到自己這樣的想法，重新再宣示一次「相信自己吧！」就沒問題。

充滿自信、堂堂正正的人也會遭人批評，其中不乏只能藉著貶低他人才能保有自尊心的人。如果是那種人說的話，沒必要放在心上。
先從高呼：「從今以後相信我自己」試試看吧！自己盡可能相信自己吧。

試著給內心的遊戲取個名稱吧！

無論什麼都把它想成一場遊戲試試看

這是幾年前剛開始經營YouTube頻道時發生的事。當時影片內容是以跟男友的日常生活為主，然而點閱數不怎麼增加，訂閱人數也時增時減。我感到著急，「要做的話，就得認真拚才行！」隨著數字起起伏伏而悲喜，常常變得悲觀。

一旁的男友對我說：「不要緊，不要緊♪」。我現在回想起來，認為他是想讓我冷靜下來才那麼說，不過我還是有問過他：「為什麼你可以這麼樂觀？」他是如此回答的。

「我把工作或是所有的事全都當成在玩遊戲！不順的時候會想著『這一關真棘手啊！需要哪種道具呢？』大概是這樣。如果順利的話，就覺得『真幸運』」。我現在還記得，不知怎麼的這些話彷彿讓我肩膀的重擔卸下來。

自從受到那種想法啟發以來，我一直謹記「愈是辛苦愈要把它當成遊戲的感覺♪」。最近變得更懂得把困難想成「這就是遊戲啊！」覺得煩悶或考驗來臨時，「『Mayu冒險』開始囉！」我會在心裡開心地幫遊戲取名稱。

即使覺得「看起來很困難…」，也能轉念為「不行，現在在玩 Mayu冒險中，任務來了，好，來打倒敵人♪」如此一來，有煩惱時都把它想成是在對戰或是任務，連痛苦的場面也能變得樂在其中。情況嚴峻時刻正是「好戲上場了」，試著以玩遊戲的感覺看待吧！

人生就是遊戲，不管幾次都能重來，輕鬆以對吧！

Q. 取一個好記的名稱吧！要寫上名字喲！

〝________________冒險〞

在人後默默行善

沒有人看到的時候，正是最佳時機

在人前行善受到讚揚，的確很令人開心。不過，我認為「自己給自己按讚」最能產生自信心。

相反地，我認為無論在人前做多少好事，在人後只有自己心知肚明，如果感覺「做了壞事」、「淨做些不光彩的事」的話，很難能真正喜歡自己。如果常想著「要怎樣才能在人前贏得好名聲」，也如願以償，但是在不知不覺間，表面的自己背離了內在的自己，將陷入痛苦。

為了讓自己成為自己可以稱讚的人，今天在沒有人看到的時候日行一善試試看吧。然後盡情地讚美自己做到了，「很厲害喔！」、「很棒喲！」

只要小小的事就行。例如：把髒汙處清理乾淨。確實做好垃圾分類。跟店員親切交談。用募款箱或在網路發起募款。乾淨地使用洗手間。在百貨公司洗手間排隊時，讓年幼孩子先上。在電車上讓座給抱嬰兒的媽媽。等電梯遇到坐輪椅、推嬰兒車和行動不便的人時改走樓梯。等計程車時，讓年長者先搭乘。用餐時吃得很乾淨。說話文雅。無論做什麼都無所謂，重點在於能夠覺得「喜歡這樣的自己」，「真得意呢」。

只要想得到的一件事即可，立刻嘗試做做看吧！

被誰討厭都無妨，但是別變得連自己都討厭自己。

毅然放下一直都「想放棄」的事試試看

這不是逃避，是戰略性撤退

社會上對於無論減肥、工作或者興趣方面，充斥著一股「馬上就放棄的人，就是沒骨氣」的氣氛。因此當我們減肥失敗，總會過度自責、痛苦工作到心都生病了還繼續做下去⋯⋯這雖然是老掉牙的話，但是我仍想大聲疾呼！「討厭的話，放棄沒關係！」

我不覺得放棄讓你痛苦的事是在「逃避」。我認為選擇放棄是非常有勇氣的行動。沒有明確的放棄理由也無所謂。**「不知為何好難受」、「不知為何很勉強」**，這都是你的心在吶喊。即使無視於內心的吶喊，不得不繼續做下去的事到底有多少？**我們是為了追求幸福才活著的呀。說不定明天就要告別人世了啊！**

例如，你有沒有勉強自己持續跟不適合的人往來？

事實上，我很怕眾人群聚的場合。如今的我已經敢婉拒了，以前每當有聚會或是女生一起去主題樂園玩的活動邀約上門時，我都覺得很有負擔，很在意「拒絕的話，會給人壞印象吧」、「之前曾說過要去」等等，沒辦法說出「不參加」這句話。

然而，我發覺到如此一來，身心都疲累不已，因而決定「對棘手的事說NO」，開始拒絕邀約。如此一來，我有了多餘時間，精神比較安定。

無論怎麼樣的人，只要去探索，一定能找到喜歡或擅長的事。做這些事，即使沒有人逼，也能持續做下去。我想把有限的時間用在這些事情上。

今天挑選一件一直想著「不停止不行了」、「好想放棄喔」的事，不管三七二十一，真的放手試試看！我覺得即便有人因此認為你「沒有堅持」，但就精神層面而言，也比繼續對自己說謊來得好太多了。將你重要的人生時間，盡可能花在讓你快樂的事情上吧！自己選擇自己想要綻放的地方。

積極的3分鐘熱度，很棒。

選一個你認為沒啥用的事做做看

為人生添加色彩的沒用力量

「做美甲，不會不方便嗎？」、「到咖啡廳喝咖啡，不是很浪費嗎？」、「不是已經有同樣的口紅嗎？」、「別繞遠路，專心去做該做的事吧！」

或許的確應該如此沒錯。但是我相信正是沒用的事，才能提高人生的幸福感。

過去我只在意有功能、有效率的事，無法接受無所事事，認為那形同浪費時間，只對於直接有意義的事感興趣。

然而，當我稍微耍廢看看動漫，漫無目的開車兜兜風之後，不知為何總覺得內心的某種「自由」得到解放。當你試著連覺得「有點浪費時間」的事，都能心有餘裕地享受的話，會感嘆「過去到底被什麼逼得身不由己呢」，這樣多少會覺得比較輕鬆。

我覺得當你回頭看，事實上即使那些「看似沒用的事」，其中總有些許收穫。

拚命三郎的你，有時候請留一點空隙，給沒什麼功能的事情試試看。

來吧，買個新上市的化妝品試試看？回家之前在外頭閒逛一番試試看？特地把寶特瓶飲料倒進玻璃杯，讓它喝起來更時尚？不出門也化妝？

今天就當成挑一件你以前覺得沒啥用的事做做看的日子吧！

當你愛上沒用的事，人生變得有一點開心。

敢於無視他人的忠告試試看

不盲從他人的話、相信自己的直覺

為求人生過得不隨他人起舞，而是以自己為主軸，我會留心不輕忽自己的直覺。

雖說如此，我過去完全都是被他人牽著鼻子走。在職場上，即使我心想「總覺有點怪怪的」，「但是那個人比較有經驗，應該他才是正確的」、在人際關係上，即使我覺得「這個人有點怪」、「不對不對，他的經歷很厲害，他說的話一定正常」，從前的我，總會否定自己的感受。

但是事後回頭看，每次都會覺得早知道應該相信當時的直覺才對。

當然，抱持虛心受教的心態很重要。**但是希望你別忘了「對方也還是有缺點的人」這件事**。即使有眾多豐功偉業的人，都稱不上是完人。

據傳瑪麗蓮夢露(Marilyn Monroe)說過這句話——「儘管有100個專家說：『你沒有才華』，也許那些人全說錯了也有可能。」

你的心最清楚對你而言，什麼是最佳答案。從今天起，別忘了相信自己直覺的力量。

憑著直覺往前衝，縱使失敗了也是很好的學習，不會徒勞無功。讓我們好好聆聽自己內心的聲音，打造好自我軸心吧！

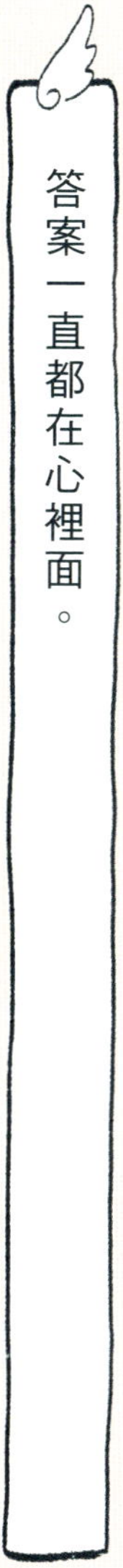

在說出氣餒的話之後，加上「但是很…耶」試試看

跟自己約定，將負面情緒轉成正向情緒

消極負面的發言不僅讓自己的情緒變差，連帶會影響身邊的人的情緒。希望儘可能不要說出負面語言。

話雖如此，**倒也不必強迫自己絕對不能說出負面的話**。過於勉強的話會積累痛苦，或者會責備無法正面思考的自己，等同賠了夫人又折兵。

我也會說出負面的話，在那個時候，我跟自己有個一定要遵守的約定。**就是在說出負面語言之後，要補上「但是很…耶」的正面語言**。例如：當我走錯路時不光說：「走錯路了啊…」而已，還會追加一句：「走錯路了…，但是知道了新的路，真幸運。」

不經意說出負面語言的習慣老是改不了。即使這幾年一直提醒自己要說正面的話，但是負面的話仍會脫口而出。只不過是走錯了路或者挑選到不好吃的餐廳，還是會說出：「應該選另一邊（家）才對…」等等。

然而，**每當我意識到自己說出負面言語之後，會將它修改為正向想法，進而把它當成正面**

的事情來看待。經過反覆練習，我有了去看事物正向的那一面的能力，負面發言次數也就跟著減少了。

哪怕你不小心脫口說出負面的話，只要馬上將它轉換成正面的事就行了。在場其他人一定也會開開心心。當你有意識地這樣說話，無論你的伴侶或是朋友應該都會說：「能夠這麼想很棒喲！」毋須責備自己老是說出喪氣負面的話。不要急，補上「但是很⋯耶」試試看。

讓自己成為探索美好事物的專家吧！

總之先「做」第一個步驟

採取行動就會有幹勁

儘管有非做不可的事，但是卻一點兒幹勁也沒有。相信很多人一定有「該怎麼做才能提升動力」的煩惱吧。

事實上我並不指望動力。老實說我經常處於提不起勁的狀態。如果可以的話，我想要廢、睡大頭覺、出去玩。我如果靠動力行動的話，感覺會整天都在睡，一事無成。那我怎麼做呢？

當我覺得提不起勁時，不勉強自己去提升動力，而是採取「反正先開始做做看再說」的方式。

舉例來說，即便提不起勁工作，反正先坐在桌子前，反正先把電腦打開，反正先回一封電子郵件：反正先從看似辦得到的事開始做起。「辦到的話算我幸運！」抱持輕鬆態度，重視「總之先開始做」這件事。

如此一來，漸入佳境，「完成」的事就會愈來愈多。沒想要拿100分，帶著「只要一件事有所進展就很幸運」的心情去做，那麼將會產生「比預期的還要做得更好」的成功經驗，明天也會想著「反正先做吧！」

當你提不起勁時，不必非得要提升動力，採取「反正先做做看」的心態。然後只先做**那天辦得到的事試試看，提醒自己「辦到的話算我幸運！」**雖然有非做不可的事，但是卻提不起幹勁的你，今天只要跨出第一步，稍微做做看吧！

專欄

護身咒語1

「從今天起，盡可能好好享受人生」

當我們拚命認真生活時，
往往會忘了享受人生這個視角。
然而，我們不是為了吃苦才活著。
是為了變得幸福才在努力。
從現在起，請將享受這件事擺在
人生第一順位吧！

PART 2

休假日與居家時辦得到的輕鬆挑戰

塗上家用唇膏

用讓自己開心的唇膏提振精神

即使是不必出門辦事的日子，也塗一塗你喜歡，並且讓你有精神的唇膏試試看吧！

一邊微笑一邊塗唇膏。施展讓氣色瞬間變明亮的魔法。光是這麼做，突然瞬間有一點喜歡上鏡子裡的自己。唇膏真不可思議，只是塗上它，連內心都變得更堅強一些。

居家用唇膏不是為了他人，而是為自己而塗，請挑選你想塗的、符合心情的唇膏吧。無論是華麗的粉紅色、憧憬的紅色，家用唇膏完全不必在乎他人目光，想塗就塗。

我的家用唇膏固定有兩支，都放在盥洗室。一支是很好聞的護唇膏，顏色淡淡的，想打起精神時使用。另一支是塗了很難掉色的唇釉(tint)。想到「在家也想很可愛」的時候、或是想提起勁從事勞動等等的時候使用。

事實上化妝不僅有讓人變美、心情變好的效果，還具有緩和壓力造成的心理不安之效果。根據美伊娜多（MENARD）化妝品公司的研究得知，人在化妝之後，唾液裡的壓力荷爾蒙變少了。

居家時何不試試用簡單的唇膏，達到化妝讓心情輕鬆的效果呢。

希望自己在某個突然的瞬間，看自己也能覺得「喜歡」。

從現在起把手機藏起來5分鐘

空出時間做想做的事

當你翻到這一頁時，請立即把手機藏在看不到的地方！從現在起5分鐘禁用手機。

「為什麼這麼折磨人呢……!?」我好像聽到了大家的噓聲。如果這本書有負評的話，一定就是這個挑戰項目讓大家感到不滿吧……。

由於我自覺有手機成癮的狀況，遇到非得專心不可的情況時，我會把手機藏起來。手機很可怕的是只要瞄到一眼，就會拿起來滑，所以，還是把它趕到其他房間看不到的地方去吧。

光是將手機藏起來，我就能把先前一直想著「不做不行」的種種事情都做好了，真令人驚訝。

變得無所事事的時候，「只好做做伸展操或肌肉訓練」。沒事幹，「那麼來打掃吧！」就這樣，先前一直覺得該做的整理家務、讀書、學習等等，只因為不滑手機就順利進行。

試著遠離手機，我想你將察覺到手機奪走你相當多的時間。一開始請先從「擺脱手機」5分鐘做起，接著逐漸拉長時間挑戰看看吧！一定會有好結果等著你。

說不定你需要數位排毒。

聽聽爵士樂

放慢腳步，輕鬆感受時間流逝

今天在家聽的背景音樂，就挑爵士樂試試看吧！

爵士樂獨特的「搖擺感」(Swing feel)節奏，有著即便是快歌也讓人覺得節奏慢的特性。因此，**播放爵士樂能讓人感到時間慢慢流逝，似乎自然就能放輕鬆。**

到YouTube或數位音樂App搜尋「清晨爵士」、「夜晚爵士」、「咖啡廳爵士」等等，可以找到很多選擇，請試著找到適合你心情的爵士樂。將優雅且特別的時間變成理所當然的日常吧！

雖然我不是很懂爵士樂，不過為了享受它的效果，我天天都在聽。除了居家悠閒的時間之外，坐在桌前工作時、看電腦時、念書時、專心閱讀時、作菜時或打掃時，也推薦大家都聽爵士樂。不知為何感到焦躁時，或是通勤通學途中也適合聽。它能讓時時刻刻都忙於運轉的大腦產生舒適從容感。我很享受一邊打字，一邊隨著爵士樂的節奏擺動身體(笑)。

不必害羞，別正經八百。讓只屬於你自己的自由時間變得更棒。
我想你一定可以過得更加輕鬆！從今天起，天天聽爵士樂吧。

為日常注入豐富多彩的要素

製作「幸福限定檔案夾」

不忘記美好的過往

被1個人說「醜女」比被10個人稱讚「好可愛」更難以忘懷⋯⋯。我也曾經因此煩惱、情緒低落過。

「消極偏見」（negativity bias）是指比起正面事件，人類對於負面事件的記憶來得較強烈且持久的天性。

換言之，有時候我們不由得老是想到壞事，但事實上，我們或許只是把好事給忘了而已也說不定。

因此，為求不遺忘好事，我正著手製作「幸福限定檔案夾」。我把粉絲的留言、出遊的照片、愛貓的照片等等都存在那裡。

大家何不從今天起，確實將「不知不覺遺忘的好事」保存下來呢？今天就在智慧手機的照片檔案夾設立「幸福限定檔案夾」，只保存對自己而言是開心或喜歡的事試試看！

規則很簡單。「只收集回顧時，讓你感到幸福的畫面」。

朋友或喜歡的人傳給你的開心訊息、心愛寵物的美照、最強的自拍照、偶像的笑顏照等等，讓檔案夾只裝「開心」、「幸福」的東西吧。日後再看時，那是一個只有幸福的世界！光是瞧一瞧就能讓我變最強，完成只屬於我一人的能量點（power spot）。

人生講究平衡。不只有痛苦，也一定有幸福。

做一件你認為「自己不合適」的事

逞強地培育自己

我現在會避免說：「因為它不合適」、「因為它不適合我」這類的話。因為我覺得現在就把我還在發展中的能力上限定調的話很可惜。

不敢試穿沒穿過的衣服、「進那家店會緊張」，所以打消了購物的念頭、不敢試沒用過的高價化妝品。或者，取消原本要參加的高階講座或活動，覺得無法勝任？於是在開始的前一刻就把工作給推掉。

我覺得說：「因為它跟我不合適」就放棄的話，無論經過多久都無法超越現在的自己。隨便就自認為「我的能耐大概就到這裡了吧」，如此小看自己的想法，讓人感覺有點悲哀。

提升自我能力上限的是自己，而不是靠其他人提拔。

所以，今天何不拿出勇氣，「稍微逞點強」試試看呢？找一件你覺得「自己不合適」的事，勇於去挑戰看看吧！

吃一頓比平常更精緻的午餐、買一條以前不敢買的鮮艷裙子試試看、買一個有點閃亮高級的化妝品試看看、上一趟有名的美容院試試看……。

我覺得在反覆稍微逞強的過程中，自然而然就會提升了能耐。你一定能成為一而再、再而三去嘗試的人。

來吧，要不要去預約一家老早就想去的店？去邀約一個朋友試試看？帶著緊張興奮的心情一試再試！

對於自己的能耐，就是要有一點逞強，才會剛剛好♡

慢慢來，不再一心二用

抑制焦慮情緒，重拾內心和生活的餘裕

幾年前的我非常急躁。即便沒有人在催，無論什麼事我都想著：「不趕快做不行」，總是覺得很焦急。

然而，愈急著愈容易一再出錯……。發覺到自己怎麼老是焦躁不安。

因此，我決定不再著急，有意識地試著「慢慢來」。

如此一來，我的焦躁不安和出錯的情況都減少了，結果更省時。凡事慢慢來、仔細做，看起來更優雅。有餘裕的言行舉止也讓我感到有自信。

現代人的身心都很容易進入「興奮」模式，很多人似乎都是交感神經處於優位。加上若是急著快速行動的話，交感神經會更加活潑。如此一來，自律神經將更為混亂，恐成為焦躁不安或身體不適的原因。

不必急，沒關係，今天有意識去感受自己的每個動作，試著慢速活動試試看。

而且當你這麼做時，同時也別「一心二用」。例如：不要一邊舉起東西，一邊站起來。

建議你可以先站起來，接著拿東西，然後再跨出步伐——像這樣有意識的做每個動作。

一邊輕聲地笑，一邊享受優雅的片刻。

總之，今天先試著慢慢行動看看吧。

開始做一件新事情試試看

讓大腦愉快，從思維變年輕

想永保年輕活力的話，去做一件新的事情試試看吧！事實上，當我們挑戰新事物時，大腦會分泌稱為快樂物質的神經傳達物質「多巴胺」（dopamine），有助於活化大腦。讓平常的一天更有價值。從辦得到的事情做起，請定期補充讓自己興奮的元素吧！

像我的話，一旦有新社群媒體或話題性的App推出的時候，就會馬上去用、聽聽正在流行的音樂、近日在玩最新的AI（人工智慧）功能。與其說我真的對這些事物很感興趣，更大原因是我提醒自己得經常擁抱新事物。

我想要在上天堂之前，充分享受各種新樂趣！因為，這樣看起來比較好玩！有趣的事情接二連三而來，只要體力能夠負荷，盡可能想嘗試更多有意思的事。我的另一個想法是，現代社會一切變化都過於迅速，所以我不想成為把「我們年輕的時候⋯⋯」掛嘴邊的人。

首先，以「讓大腦愉快」的輕鬆心情，投入讓你興奮不已的新嘗試吧！簡單的運動、遊戲App、做甜點等等，只要做得來的事都可以。何不開始找一件從沒做過的事試試看呢？

想當一個隨時都在自我升級的人。

Q. 試著寫下今天開始嘗試的新事情吧！

嘗試做了＿＿＿＿＿＿＿＿＿＿。

大跳怪舞

難過時更要在大腦儲存快樂記憶

每當我隱約感覺「不知為何心情有點差⋯⋯」的時候，我會故意開始跳起奇怪的舞蹈，硬是讓身體輕快地舞動起來。重點在於要跳有一點奇怪的動作。跳著跳著就笑出來，如果有家人、朋友、戀人在旁邊的話，他們也一定會跟著笑起來吧？重要的人對著你笑，多少都能讓情緒變快樂一點。

縱然只是暫時忘卻憂愁的行為，好笑、有趣、亂跳一通的事實會儲存在你的腦海裡。

在一天當中、一週當中，即使只有1分1秒，也要繼續增加開心的時間。跳舞之後仍然覺得憂鬱的話也沒關係。大腦會記得當你在心情快陷入低潮時，有那麼一瞬間轉為開心的事實。

帶著「敢於胡鬧」的心情過生活試試看。我覺得做點愚蠢有趣的事，有時可以讓人突**然卸下重擔。**

不會跳舞也無妨，重點在於用力舞動身體。美國舊金山州立大學進行的實驗報告，將參與實驗者分為兩組，第1組用右手腕碰左腳、左手腕碰右腳的方式跳躍，第2組低著頭走路。結果，第1組的人比較有精神。可見姿勢和動作會影響內心的狀態。

愈覺得難受時，愈要跳一跳有趣的舞！做一點無聊事笑一笑吧！

只有1分1秒也好，多增加笑一笑的時間！

不看地圖出門散步去

走在意想不到的路，總會有些發現

今天首先試著不看地圖，出去散步看看吧！

有問題想問問返家後的你。

你注意到了什麼了嗎？你的心情變得如何？

假如眼前有3條路，走哪一條可以抵達風景最漂亮的地方呢？因為盡量想走到好的地方去，想盡快走到，所以盯著智慧手機螢幕的地圖前進——當你抬起頭舉目四望，說不定眼前就有什麼非常美麗的風景，但是你都沒注意⋯⋯。

這不僅限於散步，我覺得它也適用於每天過生活的方式。**過度於專注在目標，以至於忽略了某人的貼心之舉、沒享受應該樂在其中的遊戲。**

如果看地圖的話，確實可以不走錯路前進，但是何不偶爾試著把地圖收在口袋裡，隨意走看看呢？我經常出門散步，有時會冒出新點子、有時會發現很棒的咖啡廳、有時會注意到先前都沒發現的美景，時常都有好事發生。像散步這種節奏運動也有活化大腦的效果。**要是緊盯著地圖的話，會忽略很多其他東西。**今天試著就照自己的想法出去走看看吧！

人生也一定是如此。勇於離開最短、最適合的路而去繞遠路，或者走到沒鋪設的路上試試看。縱使迷路了，新的邂逅和新的發現勢必會成為你的養分。

不需地圖。只要是我選擇的路，
無論哪一條路，最後一定能抵達目的地。

回顧過去一週

充分認清自己做過的事

是否有過雖然竭盡全力地活著，有時卻有唯獨自己一事無成，老在原地踏步的感覺呢？看社群媒體上光彩活躍的網紅、擁有幸福美滿家庭的朋友、在職場勤奮工作的同事……，不免興起「我比不上大家」、「完全沒在努力」的想法，自覺被其他人遠遠拋在腦後。

不管是誰，只要活著，一定沒有停下來的瞬間。沒有「只有我一事無成」這回事。**我在上週真的什麼事都沒做嗎？請仔細試著想想看。**我思考了很多事、完成麻煩的工作、鼓勵了朋友、讓身體得以休息。儘管不是能在社群媒體上報告的事，我們在每天、每週一定都做了某些事才對。那些事就是在前進。**請你別漏看了自己確實在向前進的事實。確實地評價自己，有助於提升自我肯定感。**

為了提升自我的肯定感，推薦你每週都要回顧自己做了什麼。認清「自己辦得到」這件事很重要。

選在週末時，好好回顧那一週自己所做的事吧！回想起即便是小小的事，也一定要給自己比個讚。回顧過去、讚美自己，踏實地一步一步前進吧！

沒問題！你確實在向前邁進中。

Q. 一邊回答以下問題，一邊回顧這一週吧！

① 本週做了哪些事？不管是什麼，試著通通寫下來。

② 給完成上述事情的自己按個讚吧！

③ 想一想下週的主題吧！想達成哪些事呢？

買一雙對自己而言有點貴的鞋子

帶我去到很棒的地方

「鞋子就是要穿最好的。因為那雙鞋會帶我到美好的地方去喲」——這是漫畫《流星花園第2卷》令人憧憬的女性藤堂靜對女主角牧野杉菜說的話。杉菜是個窮學生，她在買新樂福鞋時想起這句話，於是她買了一雙對她而言有點貴的6000日圓的鞋子。我很喜歡這一段戲。

我想起童年時曾讀到「總有一天有了可以自由運用的錢時，一定要去買一雙好鞋。」這句話至今仍牢記在心中。長大成人後，看到喜歡的鞋子，即使有點超過預算，也會買下來。很常宅在家的我，會想著「何不穿上那雙鞋出去看看」，因而增加不少外出機會。**光是換上不一樣的鞋子，心情就跟著改變，自然而然變得抬頭挺胸。很不可思議，每當我穿上好鞋，感覺自信心彷彿從腳底開始循環到全身。**

就功能來看，好鞋也比較不會磨腳。而且，我們的姿態，會調整成適合鞋子的抬頭挺胸美姿，從美容角度來看，它也帶領我們朝好的方向走。

即使沒辦法現在馬上就買，今天務必出門試著去找一雙喜歡且願意稍微花大錢購買的鞋子吧。建議把它當成贏得公司獎金或加薪的目標。為了買它而想要更加努力工作。

已經擁有高級好鞋的人，試著把它擦得亮晶晶吧！

相信穿搭打扮的力量

上網搜尋感興趣的詞彙，把跳出來的書買下來

增加知識的抽屜

知識的抽屜愈多，愈能增加你的自信。當你遇到狀況的時候，它們能減少你的不安，也能增加你與別人應對的對話內容。「知道狀況」這件事讓你有力量。

即使在社群媒體當道的時代，要增長知識，我還是推薦從書本著手。我本身也是因為開始閱讀以後，思考方式和話題範圍都更加寬廣，而有了自信。只花大約1000日圓就能夠進入他人的大腦，或者窺見不一樣的世界，實在很值得。

我知道如果沒有閱讀習慣的話，要讀完一本書會覺得很困難。

但是這些書不是教科書。**第一步，先挑選書名讓你直覺感興趣的書即可。**沒有閱讀習慣的人把書放在身旁，想讀的時候馬上就可以拿起來讀，先用這個方式試試看如何？如果讀了覺得沒意思的話就放下，或是只讀感興趣的部分就夠了。像這樣輕鬆看待的話，總覺得應該會想要拿起書本來讀。我每個月大約會買10本書，但是很多部分都只是瀏覽沒細讀。

就像上網搜尋感興趣的美妝產品一樣，今天用最近特別有感的關鍵字，自由地去搜尋看看吧。像「PMS（Premenstrual syndrome，PMS，經前症候群）書」、「戀愛心理學書」、「溝通力書」等等。接著對螢幕上不自覺吸引你的書名按下購買鍵試試看。說不定那個按鍵聲會為你帶來很美好的邂逅。嗨，按鍵！

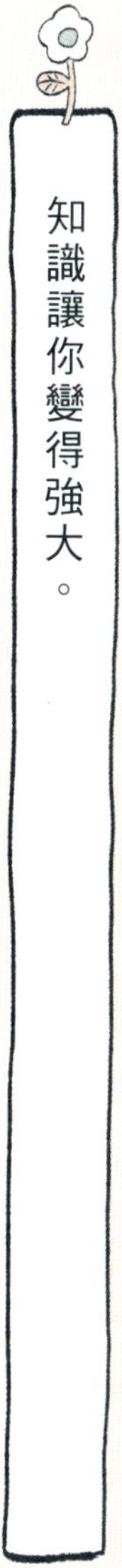

到附近大自然走一走

藉由大自然的力量為心靈排毒

我說過我常會去散步，尤其在心煩的時候，會走進附近的森林。在大自然裡，總覺得可以排除「毒性」，可能是因為植物或大地會把「黑暗物質」吸走，可以感覺到身心都是晴空萬里。無論什麼煩惱，都能以「船到橋頭自然直」的心情看待，真不可思議。我稱之為「大自然超級恢復力」。

我注意到這種「大自然超級恢復力」，是在20歲初頭跟男朋友同居的時候。當時我們幾乎天天吵架。每次吵完架，我都走到附近一所綠意盎然的大神社去，在樹下腦袋放空地走著，慢慢就會體諒起對方，雖然很老套，我會開始想：「為什麼為了一點小事就在煩心呢？」於是，每次吵架時就「走到大自然裡去」，讓彼此冷靜下來，成了一種固定的路徑。

時至今日，定期向大自然借力就成為我的習慣之一。事實上，走進能感受大自然的環境中，據說真有減低壓力荷爾蒙的效果喲。

今天務必走出家門，請到附近森林、自然豐富的公園或神社等地方，體驗「大自然超級恢復力」試試看。推薦最好到可以全身享受大自然力量的空間去。如果住家附近沒有適合地方的話，據說在家裡擺置植物也有令人放鬆的效果喲。找到適合自己的方式即可，找時間去接觸大自然吧！

面對大自然，將會發覺大多數事情都可以「船到橋頭自然直」。

整理社群媒體的追蹤欄

不去看引發負面情緒的資訊

如今社群媒體已成為我們不可或缺的一種工具了。社群媒體讓我們看到新的事物，以及獨自一人沒辦法看到的世界，妥善利用的話，可以帶給我們許多好處。

另一方面，使用社群媒體必須注意的是，不小心的話，它有可能成為負面情緒的源頭。我以網紅身分在社群媒體活動，享受它帶來的好處，**正因為想要長久開心使用社群媒體，因此特別留意盡量不去接收它帶來的負面訊息。**

首先可行的應對法是，不去追蹤一看就是傳遞負面訊息的帳號、或者按下靜音鈕，讓你看不到對方貼文。看到令人不愉快的發言或資訊出現時，馬上按隱藏鍵。否則等到你發現時已經被捲入負面漩渦之中，所以自己先築好防波堤很重要。

即便只是瑣碎的小事，但是如果一再看到討厭的事，內心能量就會被吸收消耗掉。而且，有可能在不知不覺中去關注那些討厭的事，這樣不好。看到之後，只會讓人產生「啊⋯⋯」令人嘆氣的結果。

如果那樣的話，請盡可能把那段時間改成去看快樂事物的時間吧。試著只去看能鼓勵我們、讓我們綻放笑容的事物看看吧。

今天來整理社群媒體追蹤欄，試著嚴選只有你真正想看的帳號吧！

讓你的周遭只有滿滿的「喜歡」吧！

打掃廁所

打掃讓人心情舒暢

當我想要心情舒暢，或者改變渾渾噩噩的自己時，通常會去掃廁所。為什麼要掃廁所呢？有兩個理由。

第一個理由，那裡是家裡最容易弄髒的地方。正因如此，應該有不少人都懶得打掃廁所吧！我相信「當你願意去做他人不想做的事，幸福會像迴力鏢一樣跟著過來」，而在我們身邊最容易實踐的就是打掃廁所。

另一個理由是，出於「**讓壞心情和髒汙隨著馬桶水一起沖走**」的想法。這是粉絲教我的話。

首先，得用力刷洗，彷彿要將卡在內心的東西一掃而空。然後一邊沖水的時候，一邊說：「**煩心的事，再見囉！**」**最後一定能夠感到心情舒暢**。

為求想打掃時馬上就能動手，可以將清潔用濕巾放在廁所看得到之處，常備一次性塑膠手套，讓打掃來得更容易。

當你埋首於打掃，專心在「現在，這一刻」，那段時間，你暫且擺脫了煩心事或壓力，
也能得到正念（mindfulness）效果。
以「擦亮內心」的心念來打掃！用水沖走，讓內心舒暢淨化吧！

到廁所將壞心情「用水沖走」。

專欄

護身咒語2

「因為下雨而愛晴空」

突然情緒低落、感到不安。
無法預測自己的心，有時也會感到疲憊。
連廣闊無邊的天空都時而哭泣、時而大笑，
時常陰晴不定。
所以我們也該接受自己。
無論哪一天都很重要，全部都是可愛的我的每一天。

PART 3

讓一日之初
變得令人興奮的
晨間挑戰

準備好早晨的獎賞

製造開心起床的理由

我從學生時代就是夜貓子。學校生活讓我感到痛苦，對於早晨到來開啟一天這件事，我抱持很強的負面印象。

由於長年習慣一直改不了，即便成年後我仍苦惱於每天早上鬧鐘響起，總讓我陷入絕望的情緒。起床那一瞬間情緒低落的話，一整天的心情都好不了。另一方面，我的本性原本就不會在早上嗨起來。

因此，我每天早上都準備了給自己的獎賞。為了讓自己以正面態度面對一天的開始，我試著準備獎勵品，**「起床後，有那個東西等著我！」我的獎品就是我最愛的拿鐵咖啡。**如此一來，因為期待喝到拿鐵咖啡，得以順利從床上起來。

喜歡巧克力的人，就以喜歡的巧克力當成早晨期待的東西。用喜歡的水果讓你有好心情，說不定也很不錯。**用讓你覺得「很期待」的東西，做為給努力起床的自己一個獎勵吧！因為光是能起床就很了不起！**

明天起，讓我們為了這個獎品起床吧！早上好可怕、心情鬱卒……這種心情至少能減輕一些，願你的早晨能變得舒適一點。

這麼努力從床上爬起來，獎勵是一定要的啦。

打開窗簾沐浴在朝陽下

重設生理時鐘

今天早上拉開窗簾，好好地曬一曬太陽吧！當我們沐浴在早晨陽光下，身體會分泌幸福荷爾蒙血清素（Serotonin），產生幸福快樂的感覺。而且，因為放鬆模式的副交感神經將切換成活動模式的交感神經，身心啟動開關，轉換成「起床囉！」的心情。

早上起床對我而言很痛苦，我大約8點起床，起床後先去曬太陽，喚醒身體。因為早起很好，我曾經嘗試努力在清晨5點到6點之間起床生活看看，反而身體狀況變差了。晨型人和夜型人的體質跟遺傳也有關係，有些時候真的沒辦法，可能不要過於勉強比較好。

因此，與其努力早起，我現在注意的是，「在還有朝陽的時候醒來就好。至少曬一下陽光」。拜陽光之賜，我現在可以開啟神清氣爽的一天。

當然如果每天能持續的話最為理想，總之先從一天做起。以對你而言是「早晨」

的時間就可以。重要的是在朝陽照耀的時候起床，充分地曬曬陽光，然後調整好生理時鐘吧！

你看！今天也是光明的一天到來了♡

在睡醒的床上做做簡單伸展操

確實喚醒睡著的身體

我醒來以後第一件事是做伸展操。

話雖如此，真正的伸展操沒辦法一早就做。只是在剛醒來的床上簡單地動一動而已。**將睡覺時捲縮的身體拉直，以便可以輕鬆地起床。**如今已成為我每天早上不可或缺的習慣。

以下介紹我做的伸展操，請務必試試看。當然，配合你自己身體舒服的動作也OK。

早上第一件事，先創造小小的成功體驗吧！

拉長身體讓全身血液循環變好的伸展操

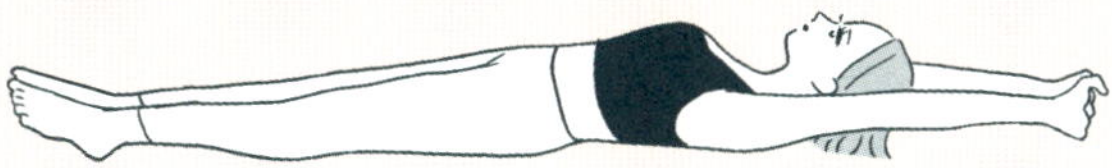

❶

仰臥，雙手手指在頭頂交叉。

❷

掌心向外，頭頂和腳尖各自向上、下伸展。

❸

吸氣時，後背向地面下壓深呼吸，反覆進行，並伸展身體持續30秒。

跪坐伸展腰部

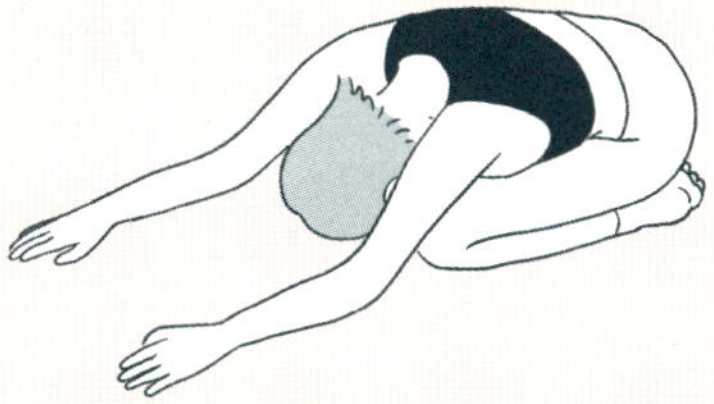

❶

跪坐後高舉雙手。

❷

一邊「哈哈哈」吐氣，一邊上半身前倒，頭頂地跪拜，維持30秒後回到1的姿勢，相同動作重複3次。

早上醒來那一瞬間就稱讚自己

按時起床的自己真了不起

我現在每天早上一醒來，都先稱讚自己一番。

老實說，光要起床就很費勁，我覺得大家真的都很棒。我想到完成「起床」這麼大的事，怎能得不到任何人稱讚呢……。那麼就自己稱讚自己吧！這麼想著就開始了這個習慣。

每天早晨一睜開眼睛就對自己說：「天才，起床！」、「全世界都在等著，要為他們起床嗎？」等等的話。一早就對自己說自抬身價的話，那一天肯定會進入「自我肯定感提升模式」。我相信這樣日積月累下來，日後即使完成小事也能自我讚美。

「天才，起床！」

早餐吃香蕉

打造「幸福腦」的基礎

無論多麼希望「調整好心理狀態」，如果神經傳導物質失去平衡狀態的話，就會變得情緒不穩定。

稱為「幸福荷爾蒙」的血清素，能抑制多巴胺或正腎上腺素（noradrenaline）的不受控，調節內心的平衡。**香蕉含有血清素的原料色胺酸(Tryptophan)，以及血清素生成所有必要的營養素。據說早餐吃香蕉效果更佳，似乎是最適合用來打造「幸福腦」的基礎。**我為了從體內提升幸福感，幾乎每天早上都吃香蕉。即使很忙的時候也能輕鬆吃下肚，很方便。把吃香蕉當成早上的新習慣，建立幸福的基礎吧！

無論做什麼，都先從珍惜自己開始。

在提不起勁的早上沖沖熱水澡

沖走滯留的內心疲憊

我遇到渾身提不起勁的早上，為了打起精神，都會一邊念著：「洗澡是在洗滌生命喲！」一邊沖熱水澡。如此一來，洗完澡後往往都能產生「那就做吧！」念頭。

這句話出自動畫《新世紀福音戰士》的角色葛城美里。想到是對生命的洗滌，讓我覺得「別再渾渾噩噩，快去洗澡，把壞心情都沖走吧」，所以我很喜歡這句話。

事實上，沖熱水澡和水流都能讓交感神經更活潑，據說具有醒腦、身體更容易動起來的效果。當然，心臟弱的人請留意，剛起床請不要馬上衝去洗澡。

把壞心情沖走吧！

做做節奏運動

促進血清素分泌

早晨醒來時，做一做讓雙腳有節奏動一動的「節奏運動」試試看吧。早上做有節奏運動，據說可以活化幸福荷爾蒙——血清素，能預防憂鬱症。我每天早上打開窗戶，一邊讓外面空氣和光線進入室內，一邊踩10分鐘踏步機。如果早上很匆忙的話，在室內有節奏地1、2、1、2踏步也OK。事實上，有節奏地繞著家裡走也可以。如果同時聽著喜歡的音樂就更開心了！有時間的話，推薦大家出門曬著陽光散步是最好的。即使沒辦法那樣，做一做有節奏的運動就能分泌血清素。**由於人體運動5分鐘後才會分泌血清素，至少要運動5分鐘**。據說在20～30分鐘後血清素的分泌將達到高峰，超過之後也可能產生反效果，因此，大約10分鐘就足夠了。

早上就要營造快樂氛圍

決定「今天我的專屬顏色」

支持一天好心情的顏色護身符

早晨起床稍事休息後，試著來挑選「今天的主題顏色」看看吧。我每天早上都會想著，「今天的我像哪種顏色呢？」順著當時的心情來決定顏色。

也許你會納悶為何這麼做呢？**一天的主題用顏色來比喻，能夠清楚呈現你希望這一天怎麼過，進而開啟這一天。**

「不知怎麼的今天覺得幹勁十足，就選熱情的紅色」、「今天想要輕鬆過，就選放鬆的綠色」、「今天要決一勝負。想好好完成工作，就選威嚴的洋紅色（magenta）」、「選向大家散播快樂的黃色」，大概是這樣。

決定好一天的顏色還有別的好處，**其中之一是那天情緒波動將會比較平穩。**

例如：「一早對於要處理的事情充滿幹勁，但是一搭上電車卻開始覺得麻煩」時，想起來要有氣勢，「不對不對，今天我是紅色喲!?要熱情洋溢才對!!」讓人得以發奮提起精神。

或者得在一大群人面前說話那天，「要來之前，明明已經鼓足了勁，怎麼還是害怕了起來

⋯⋯」時，重拾「我是威嚴的粉洋紅色（magenta pink）。什麼都不怕！」的心情，有自信地接受挑戰。

我考慮顏色的時機，有時是在床上一邊做伸展操時一邊想，有時一邊沖咖啡時一邊想。在通勤、上學途中，感受外面的空氣時想一想，似乎也很不錯。請務必試著開心地想一想今天要用什麼顏色喲！

交給心情來描繪今天吧！

專欄

護身咒語3

「與其追求完美主義，不如追求最善主義」

別再追求完美了。

認真如你，稍微偷懶才剛剛好。

放下「非黑即白」的思維，

接受不完全的自己。

縱使不是100%也無妨，

以當時的最佳選擇為目標！

這樣你一定可以成為勇於挑戰的人。

PART 4

緩和夜晚不安的午夜挑戰

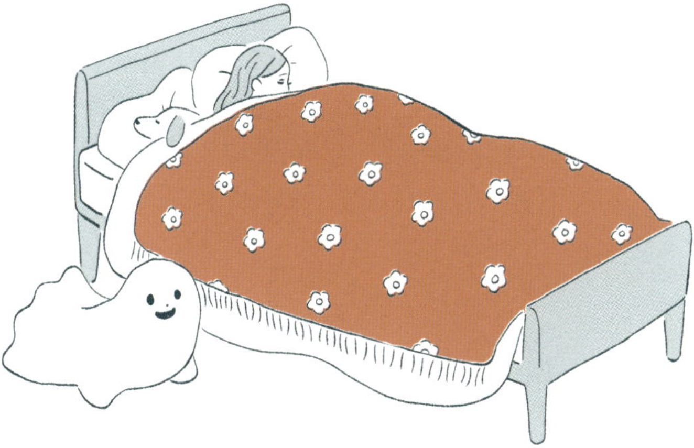

說完「好，結束了！」再就寢

好好為一天畫下句點

有些日子情緒低落也無妨。悲傷或壓力對人而言都是很重要的情感。然而，也不需壓抑。**重要的是今天的負面情緒不要留到明天。**

今晚在就寢之前，把雙手舉到胸前拍掌說：「好，結束了！」確實讓這一天畫下句點吧。睡個覺好好恢復體力，明天再從做得到的事做起就好。

今天好好慰勞過於認真而疲憊不堪的心靈和身體吧！

「好，結束了！」在光明的一天來臨之前，好好休息吧！

好好期待明天吧！因為明天就寫成「光明的一天」呀。

睡前喝點溫甘酒（甜酒釀）

有助於失眠的夜晚入眠

事實上，甘酒富含葡萄糖、必需胺基酸、維他命B群等成分，也被稱為「喝的點滴」。把它溫熱來喝，有助於夜晚好入眠。它不僅讓身體暖和，溫和的甜味和香氣還能療癒人心，令人放鬆。我覺得甘酒所含的緩和壓力成分GABA也對我的睡眠有幫助。

推薦大家可以在從事閱讀等活動的同時，慢慢品嘗甘酒。我經常一邊看書一邊享用溫甘酒。快喝完一杯時，往往睡意就會湧現。請把手機放到一邊去，我認為慢慢品嘗甘酒，可以期待它帶來的安眠效果。

甘酒是由米麴釀造而成，對皮膚很好。如果顧及身體健康的話，就選不含糖的產品吧。

沒問題，你能睡著的喲！我與你同在。

宣告「晚間獨自反省大會到今天為止」

決定只在太陽出來時思考

相信很多人都會在晚上反覆地開起獨自一人的反省大會，陷入負面泥沼而難以自拔吧。

我原來也習慣在晚上思考事情，但是晚上想的事從來都不曾有過好的結果。有一說為「被陰暗吞噬」，本來夜晚就會累積白天的疲勞，無論如何都會進入「陰暗模式」。

也就是說，晚上在反覆思考的全都是「陰暗模式的你」。那不是原本的你，你變得無法正確看待事物。**如果不是用你本來的頭腦思考的話，就沒太大意義。**所以，今後當你快陷入夜晚思考的泥沼時，建議想成「現在的我正處於陰暗模式，先不想了」、「現在在生氣，不行」，先不要再想下去了。

然後決定今後不要在夜晚「陰暗」時思考事情！在朝陽下才思考！也可以向朋友或伴侶宣告，「夜晚思考事情會變得負面，所以我不再這麼做了」。比起只在自己內心這麼想，昭告天下的做法更容易滲透到意識裡。

沒辦法一次就做到也沒關係。每當你發覺自己又要開始一人反省大會時，多做幾次宣言吧！

反覆多做幾次就會習慣。

夜晚是大腦休息的時間。如果無論如何，你還是會在夜晚思考的話，去讀讀書、看看電影，將它改成輸入(input)的時間。早上才是輸出 (output)的時間，這是不能妥協的鐵則。

以光明為目標，將可以跨越黑暗。

晚上即使還沒睡也先熄燈

變暗後睡意就會來

身為夜貓子的我，以前常年都到了清晨4點、5點，好不容易才入睡，後來我改為每到晚上9點，就把所有房間的燈光都調到暖色系的微弱光，到了凌晨0點、1點左右，自然而然就可以睡得著。

「光線變暗就想睡」這件事很簡單，卻很重要。據說人是根據進入眼睛光線的量，以及明暗度來判斷早晚。如果這樣的話，與其「因為想睡覺，所以把燈光調暗」，不如「因燈光變暗，所以想睡」的想法比較合理。

在想入睡的2～3小時前，將房間燈光都調成暖色系弱光吧！也不要滑手機喔！如果真的很想看的話，儘量將畫面調到最暗吧。推薦可以使用暖色系間接照明試試看。一夜安眠能夠讓你的能力發揮到最高點！

即便已經是大人，依然「晚上要熄燈！」

寫下今天3件「值得道謝」的事

想起感受到的某人貼心之舉

即使被視為理所當然的每一天，也都是拜某些人的貼心之賜。今晚試著寫出3個「今天的感謝」吧。以下介紹幾個例子。

「給好友——謝謝你在Line鼓勵我」、「給伴侶——謝謝你用開朗的聲音跟我道早安」、「給同事——謝謝你在工作上幫我忙」、「給社群媒體的那個人——謝謝你帶給我力量的貼文」、「給偶像——謝謝今天也看得到你的活動」。

或許你會覺得沒有值得說「謝謝」的事也說不定，但是只要硬是絞盡腦汁試著想一想，一定想得出來。粉絲的按讚、不經意看到咖啡廳鄰座女士穿得美極了而精神為之一振、電器店師傅幫我修好了wifi…。絕竅在於硬逼自己去想一想，就寫得出來。漸漸地你看待理所當然的每一天的角度將會逐漸改變喲。

不吝於說：「謝謝」。

睡前塗一塗滾珠精油

睡覺專屬的奢侈狀態，製造放鬆時光

我在上床之後，會用滾珠精油塗一塗後頸部。為了每晚方便使用，我都把精油滾珠瓶放在枕邊。在香味圍繞下短暫休息，感到無比幸福。香氣即使閉著眼睛也能聞得到。對於視覺在白天接收太多資訊的我們而言，閉著眼也能感覺到的香氣，具有絕佳放鬆效果。這是只有睡覺時才能體會的奢侈寶貴時間。順便說一聲，跟伴侶親密接觸時也可塗一下滾珠精油，用於社交禮儀也很方便。

我喜歡用具安眠效果的佛手柑、甜橙等香味的滾珠精油當禮物送人。其他像薰衣草、檀香、天竺葵等也被視為有助眠作用。請享用看看喲！

香氣是閉目也能感受得到的「療癒」。

熄燈後，從窗戶仰望天空看看

以仰臥姿勢深呼吸

最後一次抬頭看夜空是什麼時候呢？

我經常在房間燈光調暗之後，從窗戶仰望夜空。一邊將窗戶稍微打開，讓室外空氣流進來，一邊看著天空，心裡感到很安穩。看到星星或月亮，沒來由地就覺得開心，此時常常會想到一些好句子或是新點子，是提高想像力很有效的時間。**據說仰臥望著天空，自然可以呼吸得更深，氧氣更容易送達大腦**。

滑手機或打電腦時我們很容易低頭，必須找時間伸展蜷曲的姿勢，放輕鬆不聳肩。今晚抬頭看一看夜空，在廣闊的天空下解放僵硬的身心吧！

在浩瀚的宇宙下，愛怎麼空想都是我的自由。

定好明天要「努力」和「享受」的套餐再去睡

任務還包括先準備好讚美

相信很多人都會想，「明天努力做好這件事」，但是你會去想「明天好好享受這件事」嗎？

我現在把「努力」和「享受」當成套餐來思考。例如：「明天做好這件事後，來看喜歡的韓劇吧」、「明天工作在下午4點前做完的話，去逛逛美妝店吧」、「明天開會後，在回家的路上去吃美食吧」⋯⋯。**我現在都把「努力的事＋享受的事」當成套餐先想好。**把它寫在紙上或記在行程表，有時因此而感到情緒高昂。

當我們因為完成某件事，而受到肯定或被稱讚時，也就是得到「獎賞」的時刻，大腦會分泌神經傳導物質多巴胺。**多巴胺可提高我們的動力。因此才要自己事先準備好獎賞。**

在我還沒把「享受」跟「努力」一起思考時，行程表上都是「非得完成不可的任務」。總覺得被「不做完不行、不做完不行！」的焦躁感追著跑。

然而真正重要的是，好好享受每一天。自從這麼想之後，我開始試著把「享受」一起納入準備。如此一來，因為活力恢復，充飽了電，反而提高了效率、不時靈光乍現蹦出新點子，好事連連。
每天要隱約地貫徹努力的意志並不容易。為了明天能夠好好努力，把可化為活力的東西
也一併先備妥吧！

人不是為了痛苦而活著。
而是為了感覺到幸福而活。

專欄

護身咒語 4

「我的運氣很好」

我的運氣很好。

我一直都這麼想。

我相信，深信自己是幸運的就會成真。

你不認為運氣應該也會想走向相信它的人嗎？

我覺得去信任運氣，自己會受到運氣所愛。

PART 5

提升美容健康的自我磨練挑戰

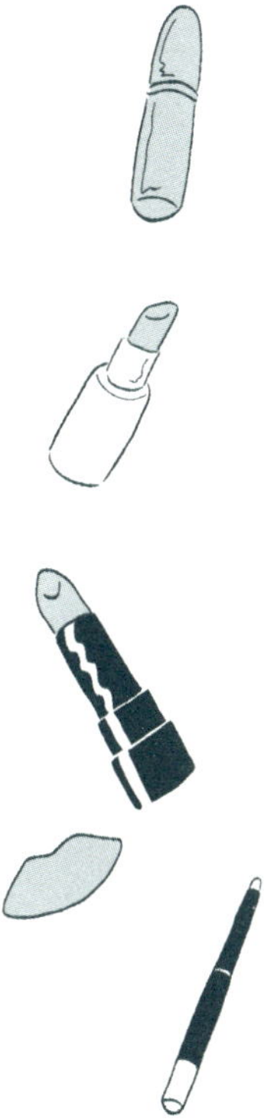

累到沒洗澡的日子至少要滋潤肌膚

護膚是給內心澆水

在覺得憂鬱的日子，「一切都隨便啦」的念頭，會讓人想全部放棄。當你身心俱疲時，連打理自己都會嫌麻煩。

不過，那種時候更要打理自己，只要1分鐘，站起身來，試著給肌膚一些滋潤吧。我覺得當肌膚乾燥的時候，有種內心也跟著乾枯的感覺。然而，只要做了護膚，即使很簡單的，**應該能夠令人感覺內心也受到滋潤才對**。

事實上，資生堂和東京都立大學的共同研究發現，**當我們碰觸自己的肌膚，大腦會產生抑制不安感等正面的活動，增加幸福感**。也就是說，輕柔碰觸肌膚，有助於心理健康。

我也有累到沒洗澡的日子，即便如此，我至少會做護膚保養。

為了免於麻煩，我準備了「偷懶日用」和「確實日用」兩種護膚品。在想偷懶的日子，用胺基酸保濕凝膠、神經醯胺乳液兩個簡單步驟就完成。「至少要做好保濕」的概念。

想要確實保養的日子，化妝水分5次輕按，讓它滲透到肌膚後，再塗上適合當時肌膚狀態的乳液或乳霜。上5次化妝水是美容皮膚科醫師教我的保濕方法，光是這麼做，就覺得滋潤感大大提升。

正因你如此認真努力，那就以慰勞自己的心情，為肌膚補充滋潤吧！

用皮拉提斯式呼吸調理身心

將氧氣送至全身恢復精力

我為了瘦身和維持心理健康去上皮拉提斯課。起因是我有感於自己的呼吸淺而開始去學，學著學著，真實感受到皮拉提斯式呼吸法對身心都有良好的影響。當內心沒餘裕時，呼吸很容易變淺。**不會好好呼吸的話，肚子變大、鎖骨不見、肋骨突出和圓肩的狀況都會惡化，據說也會影響到美容。**

皮拉提斯式呼吸基本上是將空氣送到肋骨的胸式呼吸。正確呼吸的話，能鍛鍊到深層肌肉，可雕塑出美麗的身體曲線。在感到不安或情緒焦燥時，它也能讓人重拾精神。

無論美容或心理健康都先從呼吸做起。一起試著做做看吧！

沒忘了呼吸吧？

❶

雙腳打開一個拳頭大，雙手放在肋骨上。放輕鬆不聳肩。雙手一邊確認肋骨是否有膨脹，一邊從鼻子用力吸氣5秒鐘，注意不要聳肩。

❷

屏息5秒鐘

❸

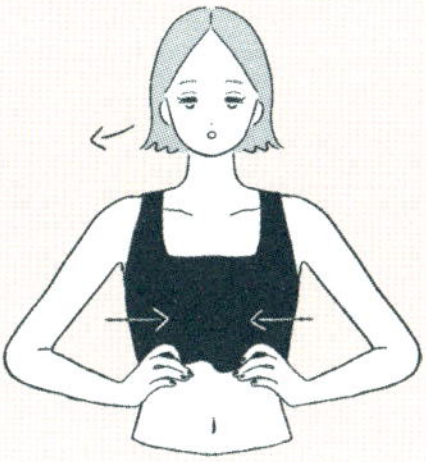

一邊感覺肋骨逐漸往內合上，一邊從嘴巴吐氣5秒鐘。

❹

屏息5秒鐘

❺

將❶～❹的步驟重複做5次。

至少做1次深蹲

做自己做得到的最簡易運動

想減重成功，最重要的是養成習慣。但是，如果一開始就定下「深蹲100下」的遠大目標，有挫折感是理所當然。那麼何不先以「只做1下深蹲」為目標試試看？

在搜尋減重訊息時，想必你會看到「深蹲至少要做〇次，否則沒效」等各式各樣資訊。**事實上，要有確切的效果，勢必得達到一定標準吧。然而，比起那個標準，我覺得先跨出一步來得更為重要。**

與其因為目標訂得太高而惴惴不安，不如先做好跨出一步的心理準備。今天先做1下深蹲吧，只做1次就夠。

哪怕只做1次，如果每天都能自然而然地去做就很棒了。在持續不斷做的過程中，如果能想著「今天不只做1下，試著來做5下看看」、「來做個10下吧」，就大大成功了！

我的話，會先跟自己說：「拿著啞鈴做1次深蹲」、「先踩踏步機試試看，覺得膩了就停止」，設下自己做得到的最簡單目標，總之先做做看。結果等我回過神來，已經做了

10分鐘。

跨出一步最重要。儘可能排除障礙吧。

設定一個看了都想笑的小目標吧。

做做上下踮腳尖運動

隨時隨地都能做，消除水腫與抗畏寒對策

我來介紹在室內室外都能做，非常簡單的美腳運動。如同左頁圖示，只要上下踮腳尖。注意不要骨盆前傾、重心不偏向一側就好，沒有其他需要注意的細節了。現在馬上做1分鐘試試看！

小腿肚肌肉具有幫浦的功能，能讓血液循環全身，被稱為「第二個心臟」。這個幫浦活動變差的話，容易水腫、畏寒手腳冰冷。

腳的血液循環好，能促進全身血液循環，不僅能望減輕水腫和畏寒，同時可望增進大腦的血液循環，簡而言之，就是讓頭腦清晰。**推薦做的時候有意識地讓體重由左右腳的足底平均受力。**如此一來，集中精神上下踮腳尖，將讓你感到神清氣爽喲。

每當在刷牙或在車站等電車的時候，我都會利用空檔上下踮腳尖。由於它在辦公室、忙著家事時、在電車裡等等，隨處都能輕鬆做，一想到就可以試試看。

重複累積簡單的事，讓我們一起以打造理想的身體為目標吧！

來做辦得到的事吧！不跟他人比較，用自己的節奏做。

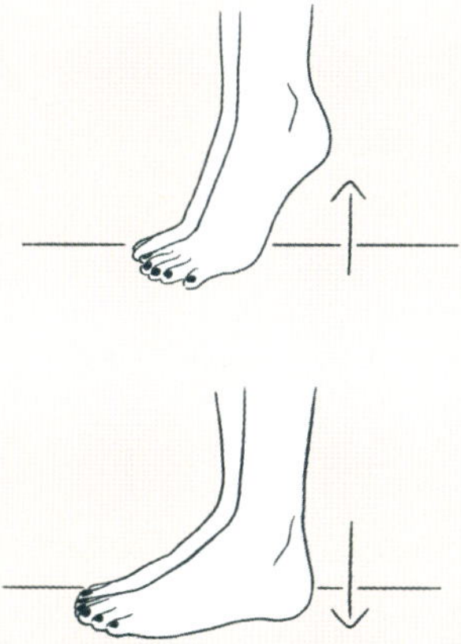

這時候有意識地讓體重由左右腳的腳底平均受力，注意別讓骨盆前傾。

瞥見垃圾食物就把目光移開

選擇成為自己想要的樣子

糕點和速食雖然都很美味，但是為了減肥或美容，必須忍住不吃。事實上，你知道有研究報告指稱，光是看到速食的商標，就會讓人幸福感下降嗎？據說是因為「速食＝快速、有效率」的形象會引發焦慮，專注力下降或增加不安感。

得知此事後，只要瞄到糕點或速食時，我都儘量把目光移開。沒看到就不會想吃，購買次數也減少了。

這麼做對美容是好的選擇，如果能讓自己更幸福一點的話，就達到一石二鳥之效。今天如果看到速食的話，試著「向後轉」看看吧！

以「現在最想注重的是什麼？」的想法做出選擇

烹煮美容味噌湯

有自己風味能持續的美容食譜

我從19歲開始意識到美容和減重以來，幾乎天天都喝味噌湯。我覺得味噌湯是最強的美容和減重食品。**調整好腸道環境是減重與美肌的第1步，而發酵食品是強而有力的好幫手。**

無論美容或節食，持續很重要，要天天做菜是一件大工程。如果煮味噌湯的話，即使不會做菜的人也能快速煮好，養成習慣，連我這麼懶散的人，都能不間斷天天持續煮。

我喜歡加薑末和洋蔥的味噌湯。洋蔥的營養價值高，薑可以暖身。而且我講究的煮法是不將味噌直接放進鍋裡，而是先把它溶解在碗裡，儘可能避免味噌的酵母被高溫破壞。

請試著研究出你喜歡的獨門味噌湯食譜看看吧？

用餐是培育美的時間，好好享受吧！

常備冷凍糙米飯糰

當主食或點心都很方便的一道食物

你是否想過，吃了不易胖、有飽足感、也能讓大便通暢、還可期待美肌效果：有沒有這種像魔法般的食物呢？

有，就是糙米！糙米比白米更不易讓血糖值上升，且富含食物纖維和維他命，是最適合節食的食材。為了隨時都能吃得到，我在休假日會煮一鍋糙米飯，輕輕撒一點鹽，做成常備的冷凍飯糰。先準備好，肚子餓時，馬上想到「來吃糙米飯糰吧」，既方便且對美容也很好。最近我的午餐主食幾乎都是糙米飯糰。由於它比白米難消化，要細嚼慢嚥喲！

當我有點餓時的點心，也大多選擇糙米飯糰。「點心吃米飯？」我想可能有人覺得不妥，但是**它比起吃糕點更能攝取維生素和礦物質等養分，而且也很耐餓**。當我在便利商店或超市心想「來買些糕點吧？」一時，念及「冷凍庫有糙米飯糰，還是別買了」，常常就能忍下來。

當然，不能光靠吃糙米就變得健康，飲食均衡很重要。適當地吃糙米能夠有益身體健康，也有助於美容。

即使是調理包糙米也無妨，今天就去買糙米，馬上就來做糙米飯糰吧！

所謂減肥，是以健康的身體為目標。

認真尋找喜歡的香味

找出必備的「我的香味」

據說比起從耳朵或眼睛得到的訊息，人們對於香氣的記憶更強。或許香味比服裝或聲音，更能決定一個人的形象也說不定。正因如此，我想對於圍繞著自己的香味有所講究。

我從多年前開始一直使用固定的香水。在那之前試用過各種香水，最後根據「合適、驚喜」兩種心情分別擦兩種不同香水。

這兩種都是在跟現在男友相識時就在用的香水，我問他對我的第一印象，他說：「總而言之，隨時都很香。」說不定香水是我的戀愛得以實現的法寶。我最近待在家的時間比較多，較少用香水。出門時搽了香水，男友會說：「想起我們剛認識的時候。」由此可知，香味會停留在記憶中很長久。

別看輕造成你形象的香味帶來的效果。「還沒找到喜愛香味」的人，今天就出門去尋找你認為是「命中註定的味道」！可以憑直覺選，或者讓很了解你的戀人或好友幫忙挑選符合你形象的香水也行。

不喜歡香水的人，找味道喜歡的身體乳液也可以。請找到適合你的香味，當必備品試試看吧！

喝喝南非國寶茶

可利尿去浮腫

我常喝南非國寶茶（博士茶，Rooibos）來除消水腫。為了消水腫，我嘗試過各種保健品，對我個人而言，還是喜歡南非國寶茶。

其是要拍照等需要消水腫的場合，喝它相當有用。**據說南非國寶茶所含的鉀，能讓多餘的鈉藉由尿液排出體外。**

除了水腫以外，南非國寶茶的抗氧化物質還可以抗老化、鎂的成分則能緩解便秘。

雖然夏天會冷泡來喝，但基本上我總是喝熱的。因為手腳冰冷也跟水腫有關。由於它沒有咖啡因，不必在乎時間，隨時都能喝，是很令人開心的一點。

在超市等處很容易就可以買到南非國寶茶，推薦大家選擇不用農藥或肥料的有機產品，因為我覺得這樣更能品嘗茶的自然味道。此外，南非國寶茶有其獨特風味，也有人不喜歡，推薦這些人可以嘗試有緩和水腫效果的洛神等花草茶。我會配合不同的心情喝不同的茶。

我覺得當身體變輕盈，心也跟著變輕快。

暴飲暴食是在攝取營養

選一天當健康的欺騙日（cheat day）吧

即使在控制飲食，也會有很想暴飲暴食的日子吧。或許不知不覺就吃過了頭，陷入自我嫌棄也說不定。我認為有時出現那樣的日子完全沒問題。

當然理想的狀況是每天飲食定時定量，對生理和精神也有影響。當人把自己逼到「暴飲暴食絕對NG」的境地，壓力會讓精神更緊張，於是不知不覺吃太多，然後開始極端忍耐⋯⋯，恐將陷入惡性循環⋯⋯。這種惡性循環對健康也不利。那麼今天何不來挑戰「沒有罪惡感的欺騙日」試試看？

最重要的是你的心。感到疲累時沒必要硬撐。那樣的話，**我覺得如果能改為選擇不去責備自己的話就好。**

所以，如果難得吃了一大堆食物，能想成自己攝取了營養，不覺得自己很難看就好。

像我的話，常吃易有飽足感的蔬菜汁或沙拉，吃到很飽。想吃重口味食物時，在雞胸肉上鋪滿起司或辛香料烤來吃，增加滿足感。想吃甜食時，就吃富含食物纖維的地瓜、甜味蛋白粉或希臘優格、堅果、冷凍藍莓等，來滿足暴飲暴食的慾望。

這時候別忘了出聲說：「好吃！」嘴巴說出好吃，既能得到滿足感，無論自己或身邊的人也會快樂起來。

別讓「暴飲暴食＝變得嫌棄自己的行為」，而是改將它想成是「攝取美容成分」的時間吧！

站在鏡子前練習「充滿自信的我」

由舉止展現內涵

女性的美不是由臉蛋小或身體部位的形狀所決定。

我有多次整型經驗，身體部位只能改變到自己滿足的程度。比起那樣，美容整型所改變的是心。整型讓人多少對自己更有自信，能夠抬頭挺胸走路。最終，我學會了原來女性真正的美，靠的不是體型或容貌，而是滿滿的自信。

隨時抬頭挺胸，相信自己的作為，以清澈純真的眼神，腳踏實地向前看——我懂了，這就是美。

在前面章節曾提到，為了有自信，要有帶著自信的決心。今天來練習演出「有自信的樣子」試試看吧？站在鏡子前，一邊想像自己理想的模樣，一邊試著演出「充滿自信的我」看看。即便真的沒有自信，一開始做不好也沒關係。試著在鏡子前研究看看什麼姿勢、怎麼開口說話、眼神銳利、嘴角、表情、聲音大小、如何隨聲附和他人、手的位置、動作等等，該怎麼做才能看起來有自信。

事實上，深呼吸保持端正姿勢，舉止從容讓內心更有餘裕，帶給周遭的印象也會改變。如此

一來，他們對待你的方式也會改變。漸漸地別人開始覺得「這個人不應該隨隨便便對待」。

我認為先從形式做起，在持續過程中內涵會跟上來，不知不覺你的內在就能真正產生自信。

來吧，先從表演做起！

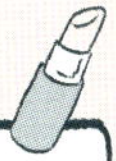

自信比起任何化妝更能讓你閃閃發光。

做全世界最簡單的美腳伸展操

為雙腳能好好活動打基礎

要維持雙腳的狀態很難。我覺得腳本來就不容易瘦下來，時而水腫時而緊繃，狀況老是不安定，是讓人操心的身體部位。

我問了健身房教練，得知透過訓練來鍛鍊雙腳當然很要緊，但是首先為了讓腳可以好好活動，把腳鬆開很重要。

我每天都會做腳的伸展操，今天請你也試試看，將能感到舒暢，心情也會變好喲。

身心都放鬆，變得柔軟。

小腿肚伸展操

站在牆壁前雙手貼著牆。右腳往後伸，雙腳前後拉開。手推牆壁，前方的左膝彎曲，感覺到右小腿在伸展，維持30秒。此時，腳後跟要貼地。換腳做同樣的動作。

前大腿伸展操

右手放在椅背上，左手在背後抓著左腳踝，身體微微向前傾，伸展前大腿。換手做同樣的動作。

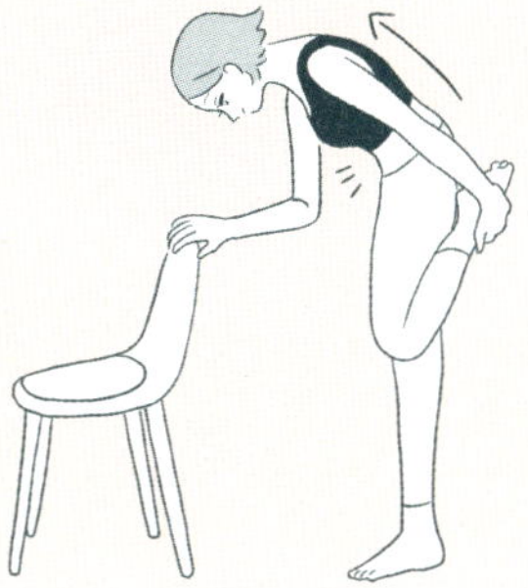

髖關節伸展操

坐在椅子上，左腳踝放在右腳大腿上。以不痛的力道壓左膝。換腳做同樣的動作。

用遮瑕膏讓嘴角下陰影消失

看起來像嘴角上揚

本書一開始（P.16）提到嘴角上揚會讓人的心情也跟著變好。

我常在社群媒體上呼籲大家「嘴角上揚！」有網友留言表示，「我的嘴形本來就下垂，辦不到。」

建議有相同煩惱的讀者，請好好利用遮瑕膏吧。事實上，當我臉上表情嚴肅時，嘴角看起來也有點下垂，所以化妝時總會用遮瑕膏把嘴角陰影蓋掉，讓嘴角看起來往上。如此一來，鏡子裡的自己看起來心情好，我也跟著開心起來。

何不先從用化妝來製造笑容開始吧？不只有「因為開心而露出笑容」，有時也會「因為笑容而變得開心」喲。

笑了就會變開心喔。

備有必勝唇膏

展現無敵氣勢的護身工具

我不但有居家用唇膏（P.36），也選定一旦要決一勝負時能武裝自己、保護自己的唇膏。

塗了這個唇膏後當然會心情好，它能在瞬間改變氛圍，是能隱藏脆弱的自己的一種戰鬥工具。我認為即使在基礎化妝和眼影都化得淡的日子，只要有色彩鮮艷的唇膏，就能突顯出自己的強處。

請找出讓你覺得今天「因為塗了這個唇膏，我是無敵的喲！」的必勝唇膏吧。它一定會保護你。

如果無法變很強，靠武裝起來保護自己也是一種方法。

專欄

護身咒語5

「我的價值不因他人的評價而有絲毫改變」

你的價值只能由你決定。
別忘了，不管誰對你下了什麼評價，
都只是那個人的個人感想而已。
拿你跟完全不一樣的某人比較，
誰比較厲害、誰比較差，沒意義。
就像壽司跟咖哩比沒意義一樣。
如果有人瞧不起你，是那個人沒品味。
就算逞強也沒關係，就先這麼想。

PART 6

讓人際關係變輕鬆的快樂挑戰

首先，對自己說些貼心話

對自己嚴苛無法體貼他人

內心能有體諒他人的餘裕，是因為自己能體諒自己。所以，儘管先好好善待自己吧。

我想，當自己的內在滿足了以後，才有餘裕去善待周遭的人。要討誰的歡心之前，請先討好自己。而要做到這樣，最簡單且重要的一步就是，對自己說貼心的話。

事實上，我也是一直到最近才能夠體貼地跟朋友、男友、家人相處。以前當我用嚴厲口吻對自己說話的時候，往往也同樣嚴厲地對待周遭的人。因為當自己對自己嚴格地鞭策，內心便沒有任何餘裕。

我想照這樣下去並不好，於是先試著每天用體貼的語言對自己說話。「我很厲害！」、「休息沒關係喲」、「很好，辦到了喔！」在這麼做的過程，逐漸產生善待、珍惜自己的心情。接著不可思議的是，我很自然而然地想體貼周遭的人。

試著回想平常你對自己說的話看看。「我不行」，「為什麼連這種事都辦不到」等等，一定都是些嚴厲的話不是嗎？**在嚴格鞭打自己的情況下，又要做到體貼他人，那是不可能的任務。**

想要體貼他人的你，是很溫柔的人。因此，今天先試著對自己說一大堆體貼的話看看吧。想不出來要說什麼的人，就請試著想像一下，你會對有煩惱、心情差的朋友說什麼呢？照著將那些體貼的話對自己說說看吧。

跟傷害你的人保持距離

粗野的人、忽視你體貼心的人

「那個人為何說話那麼苛刻？」、「那個人很可怕。我這麼想是不是很失禮？」——你的心思比他人更細膩，可能更敏感察覺到別人的心情或惡意吧。然而，**我認為心思細膩是很棒的才能。能夠慎選遣詞用字，注意到他人細微的表情變化是你的一種才能。**請不要認為「我是不是很奇怪？」，其實「不愛爭執的體貼」是你的優點。請接受自己的優點吧。

對於在一起時感覺會吸走你能量的人，請別客氣，跟他保持距離吧。即便是在職場等難以拉開距離的情況，也請勇敢地盡量減少接觸。保護自己很正當。請不要痛苦忍耐，使得你的優點消失不見。

心思細膩是一種才能。

贈送正能量好話禮物

「一天一句好話」存資糧

從今天起「一天一句好話」。把這句很棒的話送給身邊的人或自己吧！在你心中設置一個存錢筒，每天不間斷存入正能量。

「今天一起開開心心吧！」、「看來會是很棒的一天！」、「托你的福感到很幸福！」、「你的笑容真耀眼！」、「很高興見到你！很幸福！」、「這是好事即將發生的前兆！」、「變有趣了！」一天一次對某個人或者自己，說說快樂的話試試看。

有的日子可以存1000日圓，有的日子只能存1日圓，都沒關係。有時可以緊抱著人說：「最喜歡你了！」，有時只能勉勉強強說：「你辛苦了！」

儘管如此，每天還是按部就班存錢。當你想著，「今天要說什麼好話呢？」日子一天天過，存錢筒存滿了，你的心應該會充滿正能量才對。

你的遣詞用字造就了你。

訓練臉部表情，建立與人溝通的自信

鍛鍊說話流暢和聲音，變身「能言善道的我」！

在社群媒體發布影片的我，事實上口才不太好。原本我說話很小聲，結結巴巴，別人經常得重覆問我話。尤其當我緊張時，話都含在嘴裡，看到對方臉上浮現黑人問號的表情，更會焦慮到沒辦法說話⋯⋯，過去我曾經有過好幾次這樣痛苦的經驗。

日常生活的溝通還算勉勉強強，但是自從每天拍攝影片以來，有時會擔心聽不到自己的聲音，以及自己看起來沒自信的樣子。

因此，我便從平常開始，進行新聞主播們為求口齒清晰所做的舌頭訓練。做了這個訓練，除了表情變得豐富，嘴角更容易上揚之外，舌頭也不再打結，意外地變得能輕易開口說話，這對我來說，很有效果。

順便一提，這個訓練也有助於美容。首先，它讓我暫時性的臉部浮腫消失，給人清爽的印象。而且它也能訓練到平時用不到的肌肉，可預防臉部鬆弛。若是直接接觸臉部的按摩，會造成皮膚產生皺紋或鬆弛，這種不必碰觸肌肉，自身就可以辦到的訓練，很讓人開心。

想突然變得口若懸河很困難，而且也無法靠毅力來提高溝通能力。不如讓我們辛勤地做些簡單訓練，慢慢培養自信吧。當你能想著「我正在做讓說話和聲音變得更好的訓練，沒問題的！」理應能讓它成為把話說好的自信。

透過簡易訓練，創造大方的我！

Q. 試著做做提升溝通力的臉部訓練

①
① 閉著嘴，舌頭在上下門牙牙齦的外側，依順時針方向轉動，做20次。

②
① 舌頭轉反方向，做20次。

打造自己專屬的「靜音、開啟♪」開關

自己決定精神的距離

對於傷害自己的人，雖然想「封鎖他！再會！」卻會因為下不了手而感到苦惱吧。令人討厭的同事、事事囉嗦的上司、口氣很兇的前輩、說話失禮的朋友⋯，如果能自由封鎖他們的話，就不必那麼辛苦了。

雖然如此，即便直接對他們表明，「希望別再這樣」、「希望不要再說那種話了」等等，但改變仍有限。如果他們本身沒惡意，無法真正理解你的話，相同情況仍會一再上演吧。或者當對方是故意說傷人的話，代表他情緒不穩，處於不貶低別人就無法彰顯自己價值的狀態，跟他扯上關係本來就有危險。所以得儘可能安全地，不費力地迴避這種狀況。

在那種情況下，派得上用場的咒語是「靜音開啟♪」。在自己的身體和內心，先自行設定「我的靜音開關」。

例如：一邊按著拇指指甲或手掌，一邊在心中默念「靜音開啟♪」試試看。我為了不想看社群媒體的酸言酸語開啟靜音模式，也會把靜音模式搬到現實生活中試試。

有時候無法拉開物理上的距離，就由我來決定精神上的距離。就決定這樣吧！「這個人的發言，除了必要的聯絡以外，全都設為靜音，不管他說什麼都聽不到♪」，快去把討厭的人都設為靜音靜音♪。

由我決定與他人之間精神的距離。

Q. 想想專屬你的「靜音、開啟♪」開關試試看。

（做某個動作）＿＿＿＿＿＿＿＿ 啟動開關，拉開精神的距離。

與人分享獨家「珍藏資訊」

對人的付出將有回報

今天找一個人，對他做一件親切的事吧。人生就是給予——從自己開始付出。

這話說得好聽，但也許有人會覺得「對人親切是吃虧」也說不定。事實上，人類是一種比起「想要得利」，「不想吃虧」的想法反而更為強烈的生物，所以，會想著「只想做有利的事」是很自然的事。

然而，如果那種想法太強烈的話，當你有難時，可能沒人會伸出援手也說不定。**會得到周遭協助的人，只限於有心幫助周遭的人。**

試想有人沒給別人什麼東西，但卻說：「請給我禮物」的話會如何？肯定沒人想要「很開心送他禮物！」我覺得即使送了一、兩次，那樣的關係也不會持久。

「好心會有好報」。那麼首先，從你開始抱持「付出的精神」吧。

話雖如此，但是要給予什麼才好呢？沒必要特意去買禮物。

事實上，「自己沒吃虧，但對他人有用的事」比想像中來的更多。

對別人說體貼的話、不否定對方，傾聽對方說話、有同理心、分享有用資訊、把很棒的音樂介紹給對方、介紹不同的人相識，串起緣分…你看，這些全是不會造成你任何實際損失的事吧？

不需做任何犧牲，就能送出讓對方開心的禮物。

比起「施與受」的想法，以「但求付出」為目標的關係，將帶來快樂的結果。首先，由你向對方傳遞給予的心意吧。送給你珍惜的人幾句慰勞或感謝的話吧。這也是很棒的禮物喲。

救援之手只會伸向「但求付出」的人

立即說出先前未能表達的「謝謝！」

感謝的話永遠不嫌遲

對於朋友、家人、跟工作有關的人、戀人、恩師、社群媒體上的那個人⋯有沒有「沒說出口的謝謝」？你有沒有因為害羞、不夠坦率、錯過時機而沒能好好傳達的心意呢？

我也有過得到別人親切的對待，卻不知不覺忘了說「謝謝」的時刻，如果在隔天或隔週想起來的話，會向對方道謝。因為我想如果明天就是世界末日的話⋯，一定會後悔當初沒有好好表達感謝的心意吧。

感謝別捨不得說出來。現在立即向對方說：「謝謝」吧。

事實上，說出感謝，不只對於對方，同時也有提高自己幸福感的效果。所以，即使沒有得到回應，那也不是毫無意義的作為。說出感謝可以讓你自己變得幸福。

謝意的表達沒有期限

針對「現在才說，不會讓人覺得奇怪嗎？」的擔心，請你試著站在被道謝者的立場想想看。如果朋友聯絡你說：「先前沒能來得及說，上一次謝謝你！」你會怎麼想？是不是感到心暖暖的呢？今天就向「那個人」表達你的謝意吧。請拿這本書當藉口吧！

試著說出你以為「不說應該也會懂」的事

私生活也要「凡事報告、有事連絡、遇事相談」

對於朋友、戀人、家人，你是否曾認為「不必說，對方也應該懂」呢？

在日本職場上，大家都說「報連相」（凡事報告、有事連絡、遇事相談）很重要，在私生活發生的人際關係問題，往往也都起因於「報連相不足」吧？

「即使沒說出口，看了就會明白吧？」

「我都在做了，希望對方也會做啊。」

「不必凡事都得說吧。」

這種想法會導致雙方沒交集、造成不滿。

今天拿出勇氣，告訴某個人一件「沒說出口，但是希望你明白的事」試試看吧。

直到如今，我仍會很驚訝交往多年男友的想法，跟自己有多麼不一樣，對方也有同感。

我經常被說：「無法理解Mayu為何那麼做」、「第一次知道你是這麼想的」。

由於每個人的想法天差地遠，所以無論多麼親近的人，如果不說的話，對方將無法了解你的想法。「為何不知道呢？」、「應該要理解我呀！」、「只要稍微想一下就知道了吧？」如果

你這麼想的話很危險。彼此都會產生挫折感。

不管戀愛或工作，為了建立良好關係，即使是小事，「報連相」也很重要。

為了達成彼此相互尊重的溝通，抱持「因為是想法互異的人，沒有誰對誰錯」的大前提很重要。

在傳達想法時，請清楚表明，你終究只是在表示自己的意見而已，無意強迫對方接受。用**「我」開始的文章，可顯示尊重對方的想法和做法**。這稱為「I message」（我訊息）。

「我這麼覺得。」

「因為我是這麼想的，所以想要這麼做。」

「你是那麼想的啊。很棒喲！而我是這麼想的！」

希望對方為你做什麼時，用易懂的方式說明你的目的。

「我有話要說，只希望你聽一下。」

「有事商量，想聽聽你的建議。」

「這個部分希望你幫忙，你有哪一天方便嗎？」

而且，即使是小事，也馬上跟對方報告。

「今天行程有變更，可能會遲到。」

「今天本打算做這件事，但是身體不太舒服，可能沒辦法做也說不定。」

總之，試著有意識的記得「不說的話，對方不會明白」以及「報連相」。不必好強認為「得把話說得很漂亮才行」。重要的是意思的傳達。

我認為有意識地去說清楚講明白，可避免因為彼此溝通不良產生的卡關，以及不知對方在想什麼的狀態。

如果不努力表達自己的意思，什麼事情都傳達不了。每個人都是超乎想像、截然不同的人。

見「初次見面」的人必備伴手禮

用有形方式表達，想與跟對方當好友的心情

無論私底下或工作上，要見初次見面的人總是會緊張。不過，對方肯定也一樣。由於大家都感到不安，那麼就由你開始，用有形的方式表達「我想跟你變好朋友，今後請多指教！」的心情試試看吧。

每當我要去見初次見面的人時，儘量會帶小盒糕點之類的東西去。跟受過其關照的人再見面時也一樣。將小禮物當成友好證明送給對方。

由於心情是無形的，即使是關係再親的人也很難傳達，更何況是初次見面的人。以有形方式簡單易懂地明示，比較容易傳達你的好意。

將伴手禮拿給對方時，就能打開話閘子，也可藉此消除緊張，讓彼此得以輕鬆交談。當你有想要融洽相處的人時，試著一邊想著那個人，一邊為那個人挑選伴手禮吧。

簡單易懂傳達的好意剛剛好。

聚會解散後馬上聯絡對方

共享快樂相聚的餘韻

與人聚會到了解散時，我都記得在跟對方揮手道再見，直到看不到對方身影後，馬上就傳訊息或寫電子郵件給對方。

事實上，這是我在酒店工作時，為獲得客人「指名」的技巧。送客時，等到客人的身影不見之後，我會比任何人更早一步向那位客人傳達「今天聊得很開心」的心情。

請試著回想看看。跟朋友、戀人相聚解散後，總覺得突然回到現實⋯，是否有種冷清感？不過，如果在彼此還留有餘韻之際，對方很快就再次連絡的話，感覺如何呢？是不是會變得很開心呢？

不必傷腦筋想著要寫些什麼才好。「請小心喔」、「到家之後連絡喲」等等體貼對方的心情，或者「下次何時再見呢？」、「現在開始期待下次相見」等等，只要把你的心情轉化成文字，表達出來就可以。

除了朋友和戀人之外，我覺得這個技巧也適用於因工作關係而有往來的人身上。例如，會議解散後，以「真的受教了，讓我頓時恍然大悟！今天過得非常開心！」向對方表達你在會議中感受到的能量，相信對方能明白你不是在說場面話，而是真心話。

今天有約了誰見面的話，在這天氛圍還沒消散之前，試著把「今天真開心！期待再見！」的心情表達出來看看吧。

透過「立即連絡」傳遞心意吧！

試著觀察對方，去了解對方

變得不在意別人目光

怕生的你，與人見面時，是不是很擔心別人怎麼看自己呢？「我是否說了奇怪的話？」、「別人會不會覺得我的臉很怪？」、「剛才的回答有沒有問題呢？」等等，太在意對方的反應，以至於沒聽進對方說的話，這樣沒辦法建立好交情。

我認為因為怕生的人，往往過於在乎別人看法，因此試著從「被人觀察的意識」轉換成「去觀察對方」的意識試試看吧。

事實上，從前的我也極度怕生。即使是現在，跟人見面時也需要提起勁。這樣的我，在此之前能夠從事服務業、經營社群媒體、開起公司獨當一面，都是從「別人在看我、在聽我說話⋯」的自己主體意識，轉換成以對方為主體的觀點，「這個人是什麼樣的人？要談什麼話題？」才辦到的。

讓自己不成為被觀察的一方，而是去觀察對方的那一方。**具體的做法是記住談話內容。從對方有興趣的部分去深入追問：「為什麼會那樣呢？」觀察對方有沒有常說的話或口頭禪。觀察對方的髮型和服裝。觀察對方的隨身物品⋯。意識到這些事，就能讓自己完全變成「對於**

對方充滿好奇的自己」試試看。

對話結束後核對答案。那個人談了哪個話題？穿什麼衣服、帶什麼隨身物品？養成這個習慣後，實際能讓你牢記對方的事，等到再連絡或下回見面時，不愁沒有話題可聊。「對了，上回你戴了很好看的手錶，是哪家的商品呢？」、「你都上哪家美容院呢？我注意到先前你的髮型很好看。」有此類具體的談話內容，不必擔心找不到話題。

別人對自己有興趣，任誰都會覺得開心。是不是很會說話並不重要。從對方的角度來看，「這個人有在關心我嗎？他有認真聽我說話嗎？」更能增加好感。

與其要求自己表現好，不如試著對於對方感興趣，並與其互動看看！

與其在意自己被人觀察，不如去觀察別人。

運用「帶來和氣的あいうえお」[1]

掌握正向應對模式

我們不時會遇到被冒犯，或者不知如何應答的情況。我把在這些場合能派上用場「帶來和氣的あいうえお」[1]傳授給大家。

あ：「ありがとうございます！（謝謝您！），受益良多！」

無論再怎麼不愉快或是責備，都敵不過「坦然面對」。用感謝來回應，是單純且最有力的方法。

い：「いいですね！（聽起來很不錯！）」

不知何故，與人意見不合、場面很僵，為了忍不住說出難聽的話而感到後悔，沒能和解，一直感到被人討厭⋯⋯總覺得溝通很難的人，那麼，針對對方的發言，第一句話請說：「聽起來很不錯！」試試看。**意見相左，先說：「聽起來很不錯！」再陳述自己意見，這樣就不會製造否定的印象。**而且自己也有多喘口氣的餘裕。我覺得它是可以學起來常掛在嘴邊的話。

う：「うれしい！（很高興！）」

事實上，這句話也適合常用在戀愛上，容易帶給對方好印象。**當我們向別人說謝謝時一併說：「很高興」，讓誠摯的情感更加分，給人留下好印象。**這是酒店紅牌小姐常說的一句話。

え…「笑顏（えがお，笑臉）」

笑臉雖然不是語言，卻能讓你變得堅強。它能保護你、幫助你、讓事情順利進行。無論何時別忘了嘴角上揚，大方微笑！笑容有感染力，能讓氣氛變開心，**凜然的微笑應該會讓你具有反擊危險人物的力量。**

お…「不敢當（おそれいります）」

這句話適用於受到稱讚，但不知該如何反應時。既不否定也不肯定，是一句有禮貌的話，也可用於跟不太熟的人或長輩和上司的對話時。是一句無論什麼場合都適用的萬用句。

編按：あいうえお是日語50音當中的母音。發音依次為 a、i、u、e、o。

巧妙閃避，無論對方或自己都開心。

察覺「真的錯了」，趕緊收回說過的話

意見或想法都會變

針對事情或狀況的想法，往往會因為心情不同而有所改變。這不是壞事，沒必要被自己以前的意見拉著走。「已經說出口了，不可以改變意見，得貫徹到最後才行」──也許你會這麼想也說不定，縱使已經跟別人說過，但是意見或想法是可以改變的。

儘管我已經在社群媒體上對數萬人公告的事，要是覺得「還是喊停比較好」、「另一個提案比較好」，我就會馬上住手。最近我也曾向數萬人宣布「開始用別的帳號」，結果卻只發了兩次貼文就撤銷前言。

有時候不做不知道，有時候做做看才發現錯了，這些情況很常見。當你覺得「似乎辦不到」、「照這樣下去好嗎？」時，就去改變無妨。對周遭的人不誠實的自私做法，反而是很不負責任的。當你覺得事情不僅限於自己，而是攸關全體時，更應該改變，如果事件涉及他人，若能由衷致歉，拿出誠意因應的話那就沒問題。只要不是擺爛，而是讓為了讓事情變得更好而撤回前言的話，不就是「改良、改善」嗎？

我認為改變想法是自己正在成長的證明。是很棒的事喲！當你說出：「我成長了！所以想法有所改變。請聽聽我的新計畫。」這是一件值得驕傲的事。

因為改變就是進步中。被過去自己的發言或行動拉扯，以至於看不到此刻內心真正的想法就太可惜了。由於我們總是活在當下，一成不變就太不自然了。

撤回前言是在改良。

專欄

護身咒語6

「原來如此，真沒想到！」

人生很難事事如意，辦不到。

這是在你面臨沒料到的事，變成麻煩事時，

讓你不至於驚慌失措的咒語。

姑且接受事實——光那麼做，

內心就得以平靜下來。

PART 7

在精疲力竭
什麼也做不了的日子
恢復精神的挑戰

今天一天假裝貓試試看

光活著就做了很多事

雖然有點唐突，你知道貓咪一天睡多少小時嗎？事實上，成貓一天平均睡16～17小時，小貓的話，大概睡20小時。怪不得日文「寝る子」（很會睡的小孩）說法就源自於貓。我也養了兩隻貓，起初由於牠們太會睡了，我還上網去查「貓咪睡太多有沒有問題？」等資料。

想睡就睡，想玩就玩。對於這樣的貓咪，我每天都覺得「謝謝你今天也好好地睡，謝謝你好好地上廁所。」**牠們能健康地持續生命活動，並不是理所當然的事。**我想是因為牠們做了貓咪應有的努力，才能保持健康。

然而，我們沒辦法對人類說出同樣的話嗎？為了活下去就呼吸、肚子餓了就吃飯、想睡覺就去睡⋯光是維持生命這件事，難道不算很厲害嗎？能做到理所當然的事，事實上一點也不理所當然——活著活著，一不留神似乎連這件事也給忘了。

所以，今天就化身為貓咪吧，把今天當成喚醒那些被遺忘的大事的契機試試看，如何？

挑一個有陽光的地方耍廢、不想睡就去跑一跑、肚子餓就去吃東西、累了就伸懶腰、跟身邊的人撒嬌試試看。偶爾任性散漫過日子，光是活著，就得做那麼多事的自己實在了不起！

試著讚美自己的努力看看吧。

儘管是突然出生在這個世界，光是維持生命活動就很了不起。

決定真正好好休息

為求不要負面看待休息這件事

為了活得快樂，認真休息也很重要。

事實上，休息對我而言是非常困難的事。儘管是因為熱愛工作而不休息。雖然想一直工作是值得感謝的事，**但是「不想休息」的心情往往演變成「不能休息」，這一點必須留意。**當產生「休息是壞事」的想法時，一旦情緒低落就會自責。

請不要再把身體休息的時間，想成沒有價值的時間。**休息時好好休息，可以努力工作時專心一致才最有效率。**如果把難得的恢復精神時間，負面得想成「真後悔休息⋯⋯」的話，休息效果也會減半。

為了打造不自責、能充分休息的心態，今日乾脆決定「好，真的來休息」好好休息試試看吧。**不是想著：「真後悔休息」，而是「自主休息是在自我維修」。**想著：「能自主真正休息，有高度自我控制力的自己真了不起啊！」徹底休息一番吧。

也許你一開始會萌生「真的可以休息嗎？」的想法也說不定。我以前也是如此，偶爾訂一個休息日，慢慢就能逐漸能理解「休息也無妨」的道理。
請把它想成是提高自我控制力的練習，試著休息看看吧。能做出讓自己身體休息選擇的你，非常棒！

流下「一直忍住的淚水」

讓眼淚跟你同一陣線，控制壓力

時而抑制難過的心情，「不能因為這麼點事就哭」、時而想哭卻哭不出來、時而覺得哭很不像話。我們在成為大人之後，會因為各種事情而停止哭泣。

然而，眼淚是我們的好伙伴。它有緩和壓力的效果，是療癒的水滴。由於你的壓力可以從眼睛流出來，所以真的別忍住淚水比較好。**據說想哭卻哭不出來，是最會累積壓力、最糟糕的狀況。**

腦科學研究顯示，如果不斷對大腦下「不要哭」的指令，似乎真的會讓人變得很難哭出來。而且，大腦過於疲憊的人，前額葉皮質（prefrontal cortex）有變弱的傾向，也一樣很難哭得出來。

你有沒有「一直忍住不流的眼淚」？當你忍住淚水時，也忍住悲傷或怒氣。忍住的淚水將會一直留在你的內心。

所以，今天何不「合法的」哭一哭試試看？看看感動的電影或漫畫、聽聽眼淚快流下來的音樂，勇敢地哭吧。我時不時都會訂某天為眼淚排毒日，哭完之後覺得相當爽快，推薦給大家。實際上，當我們哭泣時，副交感神經會處於優勢。

當你快要因為無法擺脫悲傷，快站不起來之前，走出門去吧。尋找能讓你哭出來的電影、漫畫或是音樂，今天就盡情地哭一哭吧！請將你的推薦作品告訴我。

輕敲自己的頭

讓自己安心的咒語

每當焦燥不安或悲傷來襲時，為了讓心情平穩下來，我常輕敲自己的頭。在察覺自己開始急燥、煩悶或突然抽痛起來，我會把左手舉到頭上，用固定的節奏輕敲頭部。一邊敲一邊在心裡想著：「沒關係，沒關係」，直到恢復平靜為止。就像打針時，護理師安慰病人的模樣。

用輕柔固定的節奏拍打頭，能讓自律神經平穩下來。不管在工作中或外出時，都可以簡單做到。即使在咖啡廳或電車上做做看，也很意外地不太引人側目。

無論在任何狀況，能安慰自己的只有自己。只要稍微感覺自己心情有波動，不必顧忌，幫自己拍一拍吧！它是能讓人免除焦燥、不再心神不寧的咒語，請試試看。

我必須經常站在自己這一邊。

試著說出：「因為很努力所以才累啊」

只有自己會肯定自己的努力

你一定是最先看到自己努力的人。儘管成果還無法向他人炫耀、即使你做了別人可以輕易完成的事，但唯有你最清楚自己付出了多少努力。**別說「能做到那件事是理所當然」、「那個人更拚命」**…之類的話，無論如何，你一定要肯定自己的努力才行。即使沒能覺得「做得太好了」、沒有具體的成果，光是疲憊就是你努力過的證據。

今天試著大聲說出：「因為很努力，所以很累啊！」鼓舞自己：「還不夠努力！」可消除疲勞。

我認為不要自我欺騙，別忘記確實留意目前自己的狀態。

1分鐘什麼都不想

找時間讓頭腦休息

在一天中，有什麼事都不想的時候嗎？從在電車上、刷牙時到上廁所的瞬間，我覺得我們總會想著：「晚餐要吃什麼？」、「不回電郵不行」等等的事。連獨自一人的時候也會滑手機，持續接收資訊，大腦根本沒有休息的片刻。其實不只有身體會累，大腦如果沒休息時間的話，也會感到疲憊。

疲憊的話，當然就無法發揮原本的力量。如果大腦隨時都團團轉，忙於思考，覺得最近做什麼都無法專心，老是浮現負面的想法，時常感到焦燥不已，那樣的人或許是大腦累了也說不定。

話雖如此，我想縱使別人叫你「別想了」，你也辦不到。

我的建議是，即使一天只花1分鐘也好，空出「特意什麼都不想的時間」。蓄意地發呆試試看。今天先試著什麼都不想，發呆1分鐘看看吧。

有各種不同的做法，特別能專心的發呆法是呼吸冥想。也許有人會覺得要「專心發呆」很奇怪，但是當你想要發呆時，腦海會自然浮現種種想法，所以要做到什麼都不想，其實比預料得更難。

所謂呼吸冥想是閉上雙眼，把意識完全集中在呼吸上。在安靜的地方，以盤腿等輕鬆姿勢坐著，輕輕閉上眼睛。由於不必拘泥於吸幾秒氣再吐氣，只要有意識地深呼吸，專心於現在的瞬間即可。最初還是會浮現眾多念頭，但只要馬上把注意力拉回呼吸即可。

這稱為「正念」，專注於現在這個瞬間，據說也能讓大腦消除疲勞。我以前也苦於注意力散漫的問題，自從開始做呼吸冥想後，獲得了相當大的改善。有時想斷除負面的想法時，我也會這麼做。

也許你會想，只要1分鐘是真的嗎？因為大腦有得到休息，應該能體會到疲勞消除的感覺才對。所以請讓你那一直在努力沒休息的大腦休息一下吧！

珍惜眼前這一瞬間。

躺成大字型

脫下大人假面具返回童真

當你覺得今天「好累喔！」，何不像孩提時那樣在地板上躺成大字型試試看。事實上，據說仰躺是最能消除疲勞的睡姿。

每當從疲累的工作下班回家後，我都會想著「這裡是草原！」迅速仰躺在客廳地板上。這個感覺就像卸下大人的假面具，回到孩提時候吧。接著，吐氣，讓背往下沉，靜靜地閉上雙眼。感覺到脊椎一節一節貼著地板。然後感受臀部的重量，確認體重均勻地落在雙腳上。就這樣暫時不張開眼睛，慢慢地呼吸，躺到疲勞消除為止。事實上，即使沒睡著，光是閉目就有恢復疲勞的效果。稍微躺一下，應該能讓你重拾精神才對。

在家就拿下大人的假面具吧。

看看漫畫

騰出不傷腦筋的娛樂時間

有時候想著：「今天好好休息睡一覺吧」，但是卻睡不著。這種時候，建議你拿起漫畫看一看。每當我「累到什麼都做不了」的時候，總是會看少女漫畫。看的時候不必想太多，看著看著疲勞就沒了，光是看漂亮的圖畫就很療癒。光是躺著看漫畫就能讓人快速充飽電，應該對女性荷爾蒙也很有幫助（我是這麼認為⋯⋯笑）

而且，看漫畫可以跟書中很棒的金句不期而遇。因此，接觸娛樂或藝術，被視為很重要的事。

即便最近沒特地出門去買漫畫書，但如今已進入免費App讓人享受看漫畫樂趣的時代。所以今天請徹底埋首投入漫畫的世界吧。

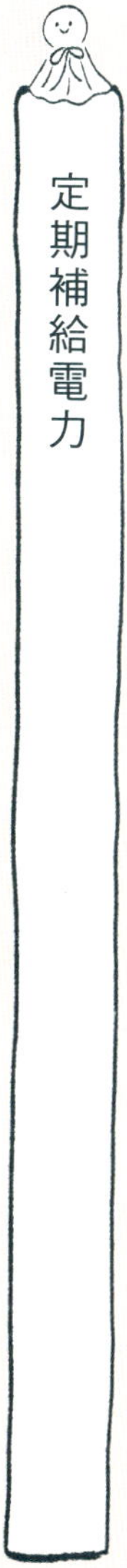

聽聽調整自律神經的音樂

抑制神經興奮

你有在專心工作或念書之後，或是去人多、搭擁擠電車等刺激過大的地方之後，而感到疲憊不堪嗎？雖然很累，但晚上卻清醒得很，睡不著。這恐怕是因為交感神經高亢，處於興奮狀態。

這種時候我常會在YouTube搜尋「自律神經音樂」來聽。閉上眼睛，什麼也不想，只聽樂聲，心情會慢慢平靜下來。真的很累時聽著聽著，有時會流下眼淚，發覺自己「原來那麼累啊」。

今天借助音樂的力量，有意識地好好調節自律神經吧。請上網搜尋，找到你喜歡的音樂吧，一定會對你有所幫助才對。

瞧，你比想像的更累吧？

試用吸水內褲看看

找到讓人更舒適一點的物品

你應該有過因生理期不適而心情低落的經驗吧。近年來，為了減輕女性特有煩惱的女性科技（Femtech）用品或女性護理用品（Femcare，女性特有的護理用品）陸續問市，引起話題。我也嘗試過各種產品，最想推薦大多數女性使用吸水內褲試試看。試穿後，它的舒適感讓我驚訝不已。自此，我積極使用女性科技用品與女性護理用品，大大提升了幸福感。

生理期嚴重不舒服的人，不僅要使用女性科技用品與女性護理用品，也一定要上婦產科檢查。很多人會對嚴重生理痛或月經量過多置之不理，殊不知有時那也隱藏著疾病問題。上婦產科不應該覺得害羞。不光只是注意生理期，讓我們好好跟自己的身體相處吧。

深入了解看看的話，將遇見更開心的自己。

找出自己特有的「復活儀式」

因應令人鬱卒的行程

為了讓自己在疲累或煩悶時可以重新開始，今天來探索屬於自己的復活儀式或能量點，並且實踐看看吧。

舉例來說，在黑暗的房間裡，裹著毛毯看漫畫，是我恢復精神的最佳方法。因為知道自己的恢復法，即使要赴令人疲憊的約，我也能想著，「回家後要關掉電燈，躲進毛毯裡，看漫畫看個夠」，這麼一想，就有力氣面對。實際上，疲累也不會拖到隔天，可以好好充電。如果是出門在外的話，我的復活儀式是到書店逛逛，或到安靜的咖啡廳讀讀書。（由此可見我非常內向……笑）

掌握自己恢復精神的方法很重要。試著回顧日常生活看看，有沒有類似來到這裡就覺得有精神、做了這件事就恢復常態的事？例如：宅在在自己房間聽音樂、慢慢泡個熱水澡、跟朋友喝茶、到充滿活力的百貨公司等等。回顧過去，試著找出想得到的事吧。

人在社會中總依循應有的樣子行動。即使是內向的人，工作時也得表現出開朗、會社交的舉止吧，外向的人有時也得獨自一人閉門完成作業吧。當然會累呀，快要失去真正的自我。

不過，如果知道如何找回自我的方法，便能安心作戰。因此，請先找到能夠做自己，安心恢復精神的場所或動作吧。找到「做了這件事能回到真正自己」的儀式，有意識地將它納入每天的生活中吧。

在黑暗中停下腳步，設法找尋亮光然後再踏步前行。人生就是一連串那樣的過程。

Q. 記下自己的復活儀式吧！

我在（場所）＿＿＿＿＿＿（做什麼行動）＿＿＿＿＿＿就會恢復精神。

閉上雙眼去見從前的自己

解除過去的魔咒

你是否曾經想過，後悔自己過去的作為，責備自己，「像我這樣的人不應該變幸福」？

你會那麼想，是因為你很仁慈。會反省過去的過錯，正是你在成長的證明。今天來進行原諒過去的你的作業試試看。

如果對於還能說上話的對象有後悔之意的話，試著讓對方知道你的心意吧。無論何時都可以說「抱歉」、「謝謝」。（見原文P.130）

對於已經沒辦法交談的人有後悔之意，或者很難當面說話的人，請參考左頁作業試做看看。

原諒自己，今天跟過去告別吧。你已經可以過得幸福了喲。

這次將你的傷痕化為溫暖，傳遞給某個人吧。

在心中
去見過去的自己和
那個人的作業

step 1

閉上雙眼

step 2

想像自己去找
想表達歉意的那個人

step 3

在心中坦誠道歉
並且說出：
「當時不成熟，傷害了你。
真是抱歉。」

step 4

接下來對自己說：
「你一向都很努力。
已經沒問題了，可以原諒自己，
可以過得幸福喲。」

抱抱填充玩具或寵物

誘發催產素（Oxytocin）分泌

與伴侶或家人肌膚接觸，會讓人分泌神經傳達物質催產素。這個神經傳達物質可以緩解壓力，帶來平靜，俗稱「愛情荷爾蒙」。事實上，已知擁抱填充玩具或寵物也能增加它的分泌。

自從得知這件事之後，我每天都會抱緊我的愛貓們一次。聽說光是觸摸柔軟的東西，就能產生催產素，那麼觸感柔滑的填充玩具，應該效果更好吧。觸感柔滑的毛毯或抱枕或許也可以。當我很累的時候，有時也會緊抱著抱枕或者裹在毛毯裡。

無論是填充玩具、抱枕、心愛的寵物等等，只要自己覺得適合即可。從現在開始，緊緊抱著它（牠）30秒試試看吧。

不論何時、不論多少，都能找回愛。

做做按摩耳朵運動

不被陰沉沉天氣打敗

原因不明的沒力氣或不舒服、情緒低落，原因或許出在，低氣壓導致自律神經混亂也說不定。

我來介紹，這種時候可以做的一個有效且簡單的運動吧。

做法很簡單。把耳朵輕輕往橫拉，然後往後方畫圓，慢慢地轉10次。接著，用手掌輕輕地覆蓋耳朵。在覆蓋耳朵的情況下，也往後方轉10次。

由於我很容易被氣壓影響，為了多少緩和陰天或雨天的不舒服，我都會做這個運動。**耳朵的運動有助於消除臉部水腫，所以我常在化妝之前做。**順便一提，摩擦皮膚恐造成皺紋或下垂，建議在轉耳朵時，請動作輕柔。請跟我一起轉轉耳朵試試看吧！

專欄

護身咒語 7

「不去比較痛苦」

不拿痛苦跟他人做比較。

痛苦跟程度、立場都沒關係。

當你感到痛苦的話，那絕對是痛苦了。

不必想著：「那個人明明比我更拚命，

而我卻這麼痛苦。」

你若有痛苦、煩悶…等感受的話，

那就是確鑿的事實。

PART 8

開心戀愛的愛情挑戰

果斷說「再見」

遠離讓自己變糟的人

我在19至20歲之際，找經驗豐富的年長女性商量關於男朋友的事時，藉由多次被告誡「那是渣男的共同特徵喲！」因而得知渣男有典型的言行舉止。之後在大約5年的酒店工作當中，我也見識過眾多男性。在酒店裡工作，必須自行判斷「這個人是危險人物嗎？跟他有牽扯沒關係嗎？」我自然學會了觀察對方言行舉止的習慣，也具備了看穿渣男的能力。

所以我製作了自成一格的「說不定是渣男!?查核表」當然，不能光靠這個基準衡量人。雖說凡事皆因人而異，為了不要上渣男的當，請當做參考看看。

無論是怎樣的關係，都不該讓人傷害你的自尊心。

說不定是渣男！？　查核表

- ☑ 言行不一
- ☑ 口頭禪是「改天」
（老說改天、改天，讓你有期待，卻沒有任何具體作為）
- ☑ 馬上把話題切換到自己身上
（當你說:「我的頭很痛」時，
對方立即說：「我才…」）
- ☑ 表現出焦燥的態度，帶給人威嚇感
（用力甩門、先嘆氣再做訴求等等）
- ☑ 說謊說得理直氣壯
- ☑ 很會找藉口
- ☑ 用「你這傢伙」稱呼你
- ☑ 稱「都是為了你這傢伙」，意圖控制你
- ☑ 不會自動去找你
- ☑ 借錢不還
- ☑ 試圖要你改變外表

規定「對不起」只能說1次

讓語言有力量

酒店紅牌小姐不太說：「對不起啊（ごめんね）！」自覺有錯時，誠心誠意好好說1次「對不起」。但是，第2次以後，就改用感謝的方式表達。

情感具感染力。當你使用正面語言時，也會把正面的「氣」傳達給對方。「不好意思」（スミマセン）是日本人典雅的表現歉意方式。比起「對不起」，一再反覆說：「謝謝」（ありがとう）比較能給對方留下「正向的人」、「愉快的人」的印象。結果會讓他人覺得「不由得想跟這個人相處久一點」、「不知為何，跟這個人相處就是很愉快，不知為何，心情變得很開朗」，而改變對你的印象。

而且，「對不起」用過頭的話，這句話的分量會變輕。不知不覺它變得不是為了道歉，而是為了守護自己、收拾場面、不被責備時使用。那麼就很難傳達誠意了。

從現在開始，為了養成改說「謝謝」的習慣，規定自己「對不起每回只能說1次」吧，以備每當快要一再道歉時之用，今後多多留意這一點吧。

只要誠實的話，大可表現得堂堂正正。

送驚喜禮物

送禮不是有所企圖，而是出於愛

試著給你重視、在意的人一份驚喜的禮物看看吧。

例如：當男友說：「我出去跟朋友吃午餐喲」，他回來時，突然送你禮物的話：你會很高興的想著：「他出門時也有想到我呢。」或者，同事拿出便利小物或慰勞品送給你時，說著：「因為你最近老是看起來很辛苦」，這也會讓你感到欣慰，「原來對方注意到了」。

如果問男性的話，他們的感受似乎也完全相同。與其說是禮物讓人開心，更重要的應該是藉由禮物表達了心意。像我經常寫東西，當男朋友突然送我筆，表示「希望我寫得開心」的時候，我會因為那個超越物品的「感覺」而大受感動。

此時你雖然可以說出：「我在想：不知道你喜不喜歡這個？」、「因為你似乎工作很忙」等送禮的理由，但是無論如何，嚴禁有要求回報的想法。我送家人禮物時，不會考慮「希望他會喜歡」。只是簡單想著：「送這個，他應該會開心吧」。那就是愛。我想，對於喜歡的人也是一樣的心情。

用這個討好對方、用這個讓對方喜歡我、送這個對方會不會理我，別存有以上這些期待，更重要的是，以純粹希望對方開心的心情去挑選禮物。尤其送給戀人或先生的話，更是表達愛意的好機會。

像這樣，用真心去送禮物是很重要的前提。同時，送禮也是能給單戀的對象留下印象的機會。

我在夜店工作時所學到的送禮技巧，就是「送禮就該送經常看得到的東西」。因為對方每次看到它，就會想到自己，這樣確實能讓對方留下印象。因為每個人的喜好各不相同，試著從對話或隨身物品中，先找出對方的喜好，再去挑禮物吧。

不過，有時送飾品或衣服，可能會造成對方的心裡產生「如果不穿戴，就會覺得不好意思」的負擔，所以如果是送給生意人的話，領帶或手帕等物品最為合適，即使對方已經有好幾條也沒關係。如果是送學生的話，我覺得文具也很好。

此外，建議也可特意挑選跟那個人的愛用品相同之物。因為很多男性找到一種喜歡的用品之後，往往會長期使用它，所以已經在用的東西的「存貨」肯定會受到歡迎。

再提醒一次，送禮時如果強加「這是我為你買的，希望你會高與！」的想法，將引起反效果。

我認為只要是真心送的禮物，就能引起對方共鳴。

因為有心，就產生了價值。

藉由「重複曝光效應」引起別人興趣

也可用於戀愛以外，接近剛認識的人

透過重複與人接觸，而提高好感度的效果，在心理學上稱為「重複曝光效應」或「單純接觸效應」。例如：第一次踏進一家完全沒概念的拉麵店，不免有「好吃嗎？一個人進去吃可以嗎？店長會不會很恐怖？」等等的擔心，若是常去的店或資訊豐富的名店就大可安心走進去。**人類是一種對於不太清楚的東西會抱持戒心的生物，對於常跟自己接觸的人，似乎容易感覺到安心和親近。**

談戀愛也是，有意地去接觸中意的人，能消除對方戒心。與其考慮東考慮西，不如比其他人更積極，讓更多人看到你、認識你，是讓對方回頭看你的第一步。

人們對於不認識的人，並不感興趣。

試著請人幫個小忙看看

要會撒嬌就得從拜託對方幫忙負擔小的事情開始

男性喜歡被人請託——請先記住這個大前提。

當別人有求於你，感覺對方信任自己的見識，是一件令人開心的事。所以今天試著對你單戀的人，或戀人提出一個請求試試看吧。小事即可，但是有個要領，**先弄清楚他擅長的事或感興趣的種類，直接拜託他做那一類的事。**

要注意，若是拜託他做不感興趣或不擅長的事，他可能覺得煩。所以請託的重點在於讓他「能沾沾自喜」。拜託他去做讓他有好心情、他喜歡的事試試看吧。當對方接受你的請求，別忘了一定要表達讚美他的話，「太棒了」、「幫了我一個大忙」。不要突然拜託對方做他不感興趣或可能不擅長的事，而是先從他看似擅長的事拜託起，一而再，再而三之後，我想你也慢慢開始會撒嬌了。

很會撒嬌的例子

- 對於喜歡時尚的人↓「你的品味很好，希望你能幫忙挑選搭配這個的服飾，因為我不知道怎麼搭。」
- 對於做業務的人↓「跟人談話時，有什麼訣竅嗎？」
- 對於懂家電的人↓「這個跟這個，選哪個比較好呢？」
- 對於數字敏感的人↓「你知道這怎麼算嗎？我不會，想請你教教我。」
- 對於愛喝酒的人↓「今天的餐點適合配哪種酒呢？」
- 對於懂電腦的人↓「想請你教我這個怎麼做？」
- 對於懂動漫的人↓「請告訴我有哪些動漫可以讓我在週末一口氣看到流淚的。」

拜託你，也意味著「信賴你」的意思。

具體表達高興的情緒

知道原因後感覺更真實

總之盡全力表達出你很高興的情緒吧。酒店紅牌小姐的共通點，就是不管怎麼樣，她們都非常擅於表現「高興」的情緒。光是展現高興就能讓對方也變得開心，進而產生「希望讓你更高興」、「希望看到你的笑臉」的想法。

然而，我想應該還是有人會覺得，要盡全力表現高興很困難吧。我也不太會誇張表達自己的情感，不過，即使是這樣的人，還是有訣竅可以表達高興的心情。

也就是具體表達你在高興什麼、為什麼高興。如同以下的感覺。

- 「見到你很開心」↓「最近工作上遇到很多難題，但是看到你有種安心感。光是見一面就很開心。」
- 「能跟你聊聊真高興」↓「談一談能整理我的思緒，讓心情平靜下來。光是跟你聊聊就很高興。很謝謝你聽我說！」
- 收到對方送的禮物↓「可以用在〇〇時候，真開心。」、「跟最近剛買的〇〇很搭，真開心。」

・對方請你吃飯、做飯給你吃↓「我剛好正想吃這個，太高興了」、「我自己一直沒能去嘗試這個，今天第一次吃，真開心。」、「好吃又很養生，真令人開心」。

請試著透過語言表達你開心的理由吧。這不僅僅適用於喜歡的人身上，對於朋友、家人、跟工作相關的人也很有效。請馬上就在下次對話中，加入這個技巧試試看吧。

懂得表達開心的人容易得人疼

藉助追星的力量走出失戀

重拾談戀愛的力氣

雖說忘掉戀情的特效藥是談新的戀愛，但是往往沒那麼容易就能找到喜歡的對象。這個時候，就來追星吧！

在現實生活中想要馬上找到新戀人很難，相較之下，要找到喜歡的偶像就容易多了。聽已在追星的朋友「傳教」、追劇、看偶像節目或歌唱節目，從二次元世界或網紅身上去找，應該可以找到讓你有感覺的人才對。如果已經有偶像的人，現在正是專心追星的時候！今天就全心全意追星吧！

把偶像當動力，在自我提升的當下，時間會抹平失戀的痛苦，或者將會出現新的邂逅。今天就盡情透過追星來療癒自己吧。

「除了那個人，我誰都不愛」——沒這回事。

想一想「如果對方明天不在了會如何？」

深思一下，真的喜歡這個人嗎？

搞不清楚自己是否真的喜歡對方、變得不再那麼重視對方…或許就是所謂的冷淡期？或許就是倦怠期？也許會有這樣的事也說不定。

當你今天在煩惱「是不是分手比較好呢？」請試著想像看看，「如果對方明天不在了，會如何？」喜歡的人已經不在身邊，無法再同聲歡笑、互相碰觸。反過來說，也不會再吵架受傷害。

…你覺得如何呢？

透過試著想像看看，再次確認對方的重要性，說不定能夠再度體貼對待對方。相反地，若你心想：「意外地也許沒有他，我也能活得好好的」，也許這就是你放下執著，獲得解放的契機也說不定喲。

跟狀況以及他人都無關。
「你」選哪一邊才能幸福呢？

專欄

護身咒語 8

「他不是我的真命天子」

當你得不到想要的人、

別人沒看上你時，

別自責也別一直過不去。

我會這麼想：「他不是我的真命天子」，

繼而展開找尋真命天子的新旅程。

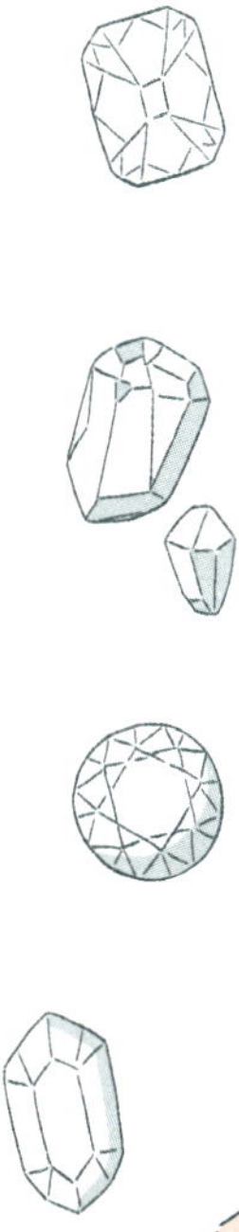

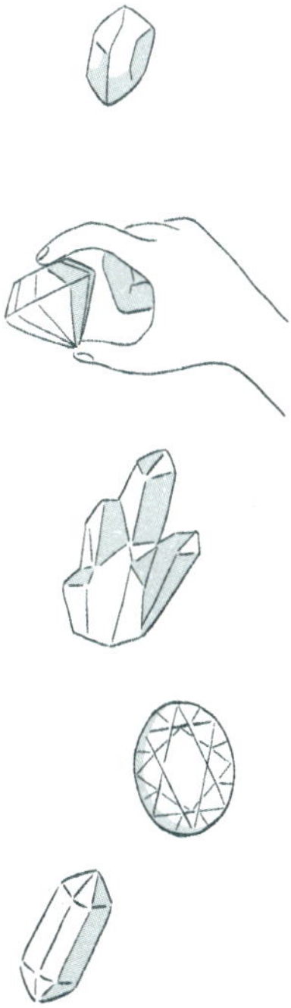

PART 9

找到自己「使用說明書」的幸福作業挑戰

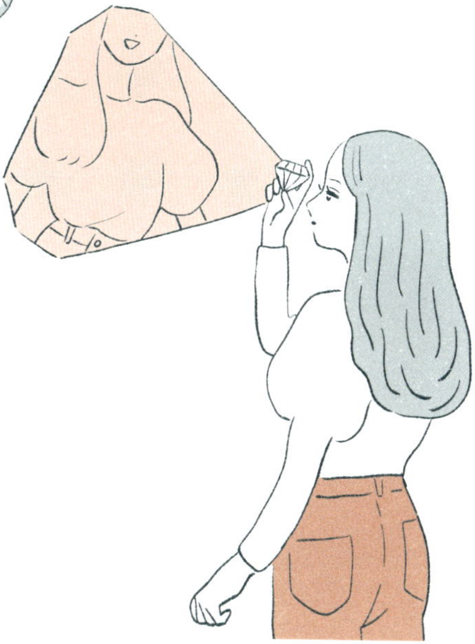

想像在「生命之輪」評量表上「我想成為的樣子」

把握現狀、確認自己理想的狀態

現在的我，在滿分10分中得到幾分呢？聽過「生命之輪」(Wheel of Life)這個評量工具嗎？它藉由幫你的現狀打分數，看出你對於現在自身狀況的滿意度，同時設定對於未來目標的分數。這些分數能明確呈現自己的理想狀態，讓你具體得知「哪件事」、「到什麼程度是理想狀態」。在圓圈內側，寫下你現在的滿意度分數，外側則是1年以後，你想達到的分數。

雖然沒辦法一口氣改變所有的事，但是知道「目前先努力這件事」的優先順序後，就很清楚從何下手、該做什麼也會一清二楚。

反過來說，也可能意外得知維持現狀比較好，也可能藉此發現自己的真心。自己到底重視什麼，試著整理思緒看看吧。

一定有只有我才能完成的事。

Q. 填寫「生命之輪」試試看吧

①在內側圓圈就各項目的現狀，以10分為滿分，填入自己的滿意度吧。
②試著在外側圓圈寫下「1年後的理想分數」吧。

〈範例〉

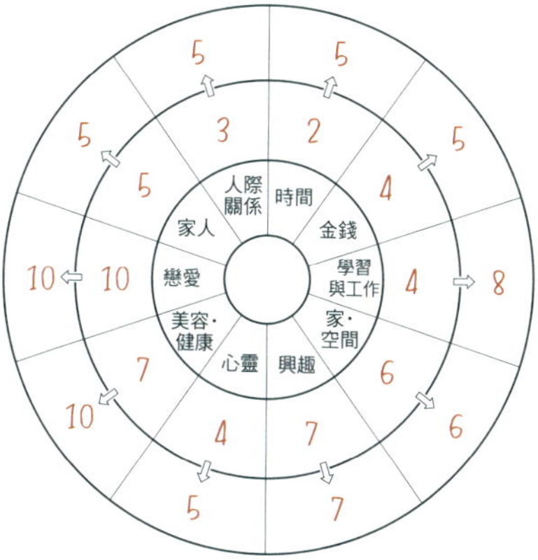

注意到什麼了嗎？
「現在專注於工作和美容！」

〈你的生命之輪〉

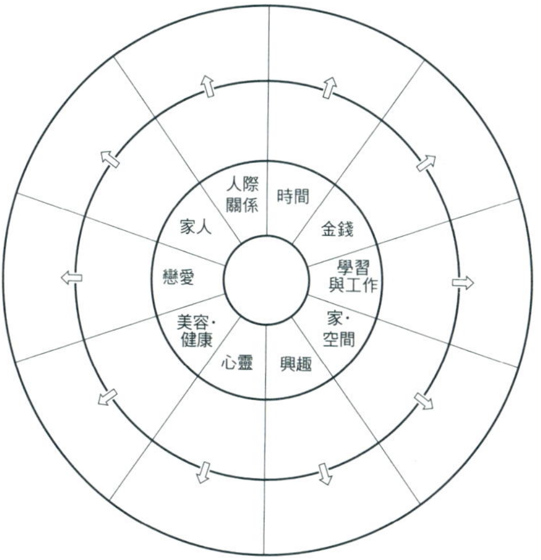

注意到什麼了嗎？
「　」

試著問身邊的人，自己有何「優點」

想起曾經被人稱讚的事

找出自己的優點很重要，但是我們往往很難客觀的看待自己。因此，建議你跟朋友、戀人、同事或家人等周遭的人問一問「自己的優點」。我也是在試著向朋友和男友問了「我的優點是什麼？」、「你喜歡我哪一點」等問題之後，得知自己有著自己所不知道的魅力。

多問一些問題，並試著在左頁寫下「我有這樣魅力」的清單。至少列出五至八個。也可以寫下你想起過去曾經被人稱讚的事。每當你冒出「像我這樣的人⋯」的想法時，回顧一下這個清單，應該能轉換心情變成原來「我有這樣的優點啊」才對。

深信「我是天才」的話，就能成真。

Q. 試著寫下「我有這種魅力」看看吧！

〈 範例 〉

坦率正直

常面帶笑容

動作搞笑

不會傷人

點子多多

我是如此有魅力啊！

〈 你的情況 〉

試著將一看就有感的動詞圈起來看看

提高對自己「擅長．喜好」的解析度

對於不擅長和討厭的事，即使努力，最多也只能勉強達到一般的水準，然而，若是努力去做擅長和喜歡的事，應該可以更快學會，且更為深入吧。與其以無所不能的超人為目標，我們更想提升擅長和喜好之處，好好發揮自己特有的才能。

因此，首先試著找出自己擅長和喜歡的事看看吧？在左頁的「動詞清單」上，將你覺得拿手、喜歡的動詞圈起來試試看。說不定那裡隱藏著你的強項。我在做這項測驗前，對於「喜歡文章」這件事不是很明確，做了以後才知道自己擅長且喜歡「思考」文章、「書寫」文章，但不是那麼喜歡「閱讀」文章。當我們對於自己擅長與喜歡事物的解析度增加，就能活用於夢想、工作和生活上。

比起辦不到的事，更應該去看你能辦得到的事。

動詞清單

試著將喜歡的動詞圈起來看看吧。
如果有想到其他動詞也可以加上去。

說話　寫字　畫畫　聽　讀　思考

想像　製造　創造　唱歌　吃

記得　調查　協商　號召

整理　學習　會面　彈奏　分析　活動

走路　看電影　照顧　救助

聲援　跳舞　指示　發訊息　計算

等等..

試著寫下喜歡的話語看看

確認自己想看重的價值觀

當別人問你：「喜歡哪句話？」據說，很多時候當下你立即想到的字眼，就是對你而言很重要的座右銘。

今天何不來試著找出你的座右銘看看？

將你喜歡的話、留在心底的話、被別人稱讚會感到開心的話等等，都寫在左頁試試看。由此可以看出你注重的是什麼，以及你的人生觀・價值觀喲。

即使被人看扁，
也要貫徹自己重視的事。

〈 範例 〉

Q. 喜歡哪句話？

「自己的常識對於他人而言是非常識」、「自由」、「大家都不一樣，大家都很好」、「讓自己變得雀躍不已」、「經常笑一笑，很難變得不幸」

Q. 喜歡這句話的人，是怎樣的人呢?
客觀地想一想，並試著寫下來看看吧！

視野廣闊、有創意、熱愛自由的人。

〈 你喜歡哪句話？ 〉

Q. 喜歡哪句話？

Q. 喜歡這句話的人，是怎樣的人呢?
客觀地想一想，並試著寫下來看看吧！

釐清自己的壓力來源

哪種形式會變成壓力？

應該有很多人在感覺壓力時，都會選擇默默地忍耐吧。就像有了「抗壓性」這個詞之後，往往會要求大家建立不被壓力打敗的心態，然而，我還是覺得**盡量努力去減壓比較有效率**。這樣也能減少為了消除累積的壓力所花的力氣。況且在壓力下，人們往往難以發揮原有的水準。

弄清楚對自己而言哪些事會變成壓力後，趁此機會試著想想看，能做什麼來減少壓力吧。

面臨壓力時，與其「努力忍耐」，更應該「努力減少」。

Q：試著想想看，你的壓力來源為何，以及可以做什麼來減壓。

〈 範例 〉

場　面：電車、很吵的地方

⇒可以做什麼來減壓？

戴上降噪耳機

人際關係：被干涉，自由被剝奪

⇒可以做什麼來減壓？

自由列為最優先

時　間：討厭行程滿檔

⇒可以做什麼來減壓？

有些日子硬是不排行程。有時硬把行程排在一天內。

〈 你的情況 〉

場　面：

⇒可以做什麼來減壓？

人際關係：

⇒可以做什麼來減壓？

時　間：

⇒可以做什麼來減壓？

複誦3次「我就是我」

不過度追求成為某某人

有過以下這種經驗嗎？「那麼，你是哪所大學畢業的？」、「過去你累積了哪些經驗？」、「你的職業是什麼？」、「你主修什麼？」、「你的成績如何？」、「你的頭銜是什麼？」——每當被人這麼一問，「自己什麼都不是」等想法，總會讓你的情緒低落。

當人們在評判他人時，就某種程度而言，利用頭銜這個標準來衡量，是情有可原的。

但是，希望你記住，**即使沒有頭銜或職業，你的存在本身就是無條件地有價值。**

過去的我，因為「非得成為某某人不可」，曾經心急地去模仿某個人。但是，我注意到「總覺得不像自己」，於是故意告訴自己：「我就是我」。這可能也是肯定（affirmation）的力量吧。如今的我，已變得可以堂堂正正的做自己。所以別太過於被頭銜所束縛，活出你自己的樣子吧。

你就是「你」，獨一無二頭銜的擁有者。

將缺點改說成優點試試看

缺點變為個性

即使是你自認為的缺點，換言之，就是一種他人所沒有的「你的個性」。由於我覺得它大有可能成為優點，因此請參考左列例子，把你認為的缺點改說成優點試試看吧。雖然這些特點經常被視為缺點，像左列例子那樣解讀的話，結果將會如何呢？

- 容易受傷 ⇩ 心思纖細，了解他人的傷痛
- 怯懦 ⇩ 深思熟慮
- 腦筋不好 ⇩ 能比別人加倍努力
- 口才不好 ⇩ 能成為更好的聆聽者
- 優柔寡斷 ⇩ 慎重，無論什麼事都能看到好的一面
- 容易厭煩 ⇩ 興趣廣泛，好奇心旺盛

缺點與優點，往往僅僅是一線之隔

回想童年喜愛的遊戲、東西和場所

重拾童心，擷取靈感

長大成人之後，必須嚴肅、需要確實做好的事情也愈來愈多。

我本身在25歲以後，對於什麼都沒能做好的自己感到焦慮，「不趕緊變成大人不行」、「大家都會，就只有我不會」，這些想法總讓我覺得很煩惱。我隱約覺得大人理應什麼都能做得完美，因此覺得什麼都做不好的自己，真是糟糕的人，眼睜睜的看著自己逐漸變得膽怯。**「不做好不行！」這個想法成了魔咒。**我會為了達到這個模糊的「正確解答」而變得綁手綁腳。

有一天，當我注意到自己的變化時，突然想聽聽小時候聽的音樂、重看小時候看的漫畫。去聽以前喜歡的偶像歌曲、聽當時流行的少女動漫音樂、去看舞台表演、翻閱少女漫畫。

在做這些事的過程中，我的內心一點一點的解放開來了，有種破繭而出的感覺。「到底什麼才像大人啊？」、「我小時候也是有魅力的人」、「像以前那樣自由自在也可以吧」。這些想法讓我想到要卸下肩上的重擔。正因為這樣，我從「不做好不行！」的魔咒中解放開來。雖說是大人，也沒有十全十美的。我覺得也許大家都只在「裝大人」而已，內在根本還是兒時的樣子也說不定。

我們小時候都是自由自在做自己的人，而且想像力豐富。試著應用這種童年本質的「童心」看看，我想它可以為工作或日常生活帶來突破。請大家回想起幼年時喜歡的東西，重拾童心吧！

大人只不過大小孩，其實大家都是巨嬰。

想想自己內向性格與外向性格的占比

別把自己想得過於性格陰暗

心理學家榮格(Carl Gustav Jung)將人的性格分為外向型和內向型。他說的是內向型性格將內心的能量朝向自己的內在，外向型性格將內心的能量朝向自己的外面。這並不意味哪一種性格比較優越，而是大致說明了那個人的嗜好、興趣、對什麼事會不會採取行動的傾向差別。

相對於外向型性格者的嗜好、興趣都放在自己以外的世界，與人之間交流成為他採取行動的契機。內向型性格者的嗜好、興趣都放在自己的內在，是基於自己的想法才採取行動。根據《探索人格潛能，看見更真實的自己》(Me, Myself, and Us: The Science of Personality and the Art of Well-Being，布萊恩李托（Brian R. Little））一書，兼具內向型和外向型性格的人似乎很多。舉例來說，我的性格可能大約8成內向型，大約2成外向型。理解這點之後，不再勉強自己跟很多人打交道、跟大夥兒大聲喧鬧，也變得相當輕鬆。

當我們了解自己的特性後，就不會勉強自己。也就是說，不去跟性格不同的某某人做比較，例如：「真羨慕那個人很會社交」、「那個人可以做自己真好」等等，也就不會情緒低落，不勉強自己「不那麼做不行」。不管自己是哪種性格都好，也沒有必要煩惱「真正的自己是哪種性格？」

今天來想一想「自己內向性格與外向性格的占比是多少呢？」將左邊的箭頭塗滿顏色試試看。

當然，直接跳到結論難免有些可惜，配合自己的性格特性，確保安全範圍，有時嘗試一點刺激的事也不錯。

無論哪一種你，都是真正的你。

內向型
感受性強
敏感
纖細
獨處感到平靜
喜歡安靜的地方
等等
社交能力好
好奇心旺盛
活躍
等等
外向型

來寫一封3年後，自己寫給現在自己的信吧

從未來的自己得到鼓勵

試試看寫一封3年後的自己寫給自己的信吧。

想像自己的未來，會令人感到興奮，我想，如果能這麼做，就能夠看到自己希望成為的樣子。

雖然對於未來有著不安，**就試著一邊想像「3年後變成自己理想的樣子」，一邊寫下幸福的訊息吧。**

儘管會碰上難關，而且又身處於未來不確定的世間，但是相信3年後的你，一定可以對著我笑說：「也有過那種時期呢！」

努力偶爾會沒回報、造成傷害，
但是它會在你快忘記時，朝著你而來，對你微笑。

Dear 3年前的我

給3年前的我。也許你現在會感到不安，但是要相信自己，
勇敢前進沒關係。因為現在覺得幸好當時有去挑戰！這是未
來的我所說的，準沒錯唷！因為從以前到現在，一直都是如
此吧。最後都得以解決了，所以你要相信自己。而且要珍
惜現在追蹤你的粉絲，以及你的伴侶唷，因為他們留在
你身邊並不是理所當然的事！對了，3年後你就進入30歲的行
列，要比現在更注重健康唷！

為了成為那樣的人，現在應該做什麼呢？⇒只有相信自己，
勇於挑戰一途。但是，對於眼前擁有的重要事物也同樣要
珍惜。對於健康也要多加留意，別忘了休息。

試著寫寫看吧！

/

Dear

試著重新思考最喜歡自己哪一點看看

一路試著做下來，在此再問一次

縱使討厭自己的點數不盡，喜歡自己的點只有一個也好，好好珍惜那一點吧！

Q. 寫寫看。

〈舉例〉我喜歡我自由自在的生活方式！珍惜自由♡

〈你〉

沒辦法喜歡自己的全部沒關係。
就從即便只有一點，也試著去愛它開始吧！

專欄

護身咒語9

「不將有可能性的門上鎖」

理解自己本身非常重要。

但是，如果武斷地認定「我就是這種人」就太可惜了。

在充分了解自己，多少行有餘力之後，

偶爾試著去冒險看看吧。

一定能發現你嶄新的一面，

應該會有意想不到的美好相遇。

打開沉睡在你心中，那扇具有可能性的大門吧。

表揚狀

你現在已經完成了100件挑戰。只做1件就已經很棒了，每天做1件日積月累，做到現在，你真的太強了！簡直跟神沒兩樣。

無所畏懼。
請相信自己的力量。

你努力提升自己，今後的人生也勢必節節高升。非常令人期待！
為讚揚如此優秀的你，特此表揚。

Mayunee

後記

非常感謝將本書讀到最後的讀者。

對於「我沒讀到最後喲」、「我是跳著看的喲」的讀者也很感謝。沒關係，真的沒關係！

我希望當你想要有所改變、想要有所得的時候，請拿起這本書。然後，至少先嘗試其中一個挑戰也好，或者這些挑戰有留在你心中的話，光這樣就是一大勝利！**是很棒的一步！「即使只做一個挑戰也要稱讚自己」——這正是我最希望大家做的事。**

關於書中的挑戰，今天開始嘗試或者1年後開始都無妨。即使10年後才達成100個挑戰也沒關係。也許有無法立即著手挑戰的情況也說不定。

假設你現在只是在瀏覽，有一天你突然想起「在那本書好像有寫到這個，來試試看吧」，光是你能這樣想，就達到我原本的期望了。

由衷期盼本書提出的挑戰，能對你的人生有所助益。

再提醒一次，即使沒能挑戰成功，也請絕對不要自責。那是我寫本書最不樂見的事。

當你沒辦法再卯足全力打拚，或者遇到不如意的事時，請想起這本書。「嘗試一個辦得到的挑戰就很好了」、「即使是很小的事也有意義！」接著，我希望你在那時候又從本書找到「某個」可以挑戰的事，然後盡情地讚美自己。

我自己也還很不成熟。有時候可以努力，有時候什麼事也辦不到。有時候可以寫這本書，有時候也沒辦法寫。我想從現在起跟大家一起努力下去。為了讓我們的人生更加美好，我們一起加油吧！

最後，要感謝傾聽我的任性要求，擔任編輯的伊藤瞳小姐，負責插畫的芝理紗子（譯音）、做出很棒設計的PASSAGE荻原佐織小姐，以及盡力參與本書發行的所有人。

然後，我要向最重要的各位讀者表達感謝，並且問候大家。

2023年9月 吉日 まゆ姉 Mayunee

参考文献

・『眠れなくなるほど面白い 図解 ストレスの話』ゆうきゆう（２０２１年、日本文芸社）
・『結局、自律神経がすべて解決してくれる』小林弘幸（２０２１年、アスコム）
・『きちんとわかる栄養学』飯田薫子、寺本あい（２０１９年、西東社）
・『カラダにいいこと大全』小池弘人（２０１５年、サンクチュアリ出版）
・『究極のマインドフルネス』ＤａｉＧｏ（２０２０年、ＰＨＰ研究所）
・『心の容量が増えるメンタルの取扱説明書』エマ・ヘップバーン、木村千里（２０２１年、ディスカヴァー・トゥエンティワン）
・『ボディメイク・ピラティス』森拓郎（２０２３年、ワン・パブリッシング）
・『マインドフルネス瞑想入門』吉田昌生（２０１５年、ＷＡＶＥ出版）
・『人生はニャンとかなる！』水野敬也、長沼直樹（２０１３年、文響社）
・『受かる！ 自己分析シート』田口久人（２００８年、日本実業出版社）
・Julian House, Sanford E. DeVoe, and Chen-Bo Zhong. "Too Impatient to Smell the Roses: Exposure to Fast Food Impedes Happiness." Social Psychological and Personality Science, Vol.5, Issue5, 2014, pp.534–541.
・Sanford E. DeVoe., Julian House, and Chen-Bo Zhong. "Fast Food and Financial Impatience: A Socioecological Approach." Journal of Personality and Social Psychology, Vol.105, No.3, 2013, pp.476–494.
・『資生堂が「肌のセルフタッチで幸福度が増す」ことを解明 ストレスフルな時期こそご自愛する「セルフケア」に注目！』株式会社資生堂、２０２３年4月20日（https://prtimes.jp/main/html/rd/p/000002392.000005794.html）
・栃尾巧、森地恵理子、広瀬統、中田悟、久世淳子『メイクアップは精神的ストレスによる活性酸素消去酵素の活性低下を抑制する』J. Soc. Cosmet. Chem. Jpn. Vol.42, No.2, 2008, pp.121–127.
・Erik Peper, I-Mei Lin. "Increase or Decrease Depression: How Body Postures Influence Your Energy Level" Biofeedback, Vol.40, Issue 3, 2012, pp.125–130.

《1 天 1 件事，改變人生：打造幸福心態，邁向理想生活的 100 個挑戰》

作　　者 / まゆ姉（Mayunee）
翻　　譯 / 蔡文英

主　　編 / 蔡月薰
企　　劃 / 蔡雨庭
內頁編排 / 郭子伶
美術設計 / 楊雅屏

總編輯 / 梁芳春
董事長 / 趙政岷
出版者 / 時報文化出版企業股份有限公司
108019 台北市和平西路三段 240 號 7 樓
發行專線 / (02)2306-6842
讀者服務專線 / 0800-231-705、(02)2304-7103
讀者服務傳真 / (02)2304-6858
郵撥 / 1934-4724 時報文化出版公司
信箱 / 10899 台北華江橋郵局第 99 號信箱
時報悅讀網 / www.readingtimes.com.tw
電子郵件信箱 / books@readingtimes.com.tw
法律顧問 / 理律法律事務所 陳長文律師、李念祖律師
印 刷 / 勁達印刷有限公司
初版一刷 / 2025 年 04 月 18 日
定　　價 / 新台幣 420 元

時報文化出版公司成立於一九七五年，並於一九九九年股票上櫃公開發行，
於二〇〇八年脫離中時集團非屬旺中，以「尊重智慧與創意的文化事業」為信念。

「1 天 1 件事」改變人生：打造幸福心態，邁向理想生活的 100 個挑戰 / まゆ姉 (Mayunee) 作 . -- 初版 . -- 臺北市：時報文化出版企業股份有限公司, 2025.04
面；　公分
ISBN 978-626-419-295-8(平裝)

1.CST: 自我實現 2.CST: 自我肯定

177.2　　　　114002265